メディアへの希望

積極的公正中立主義からの提言

WATANABE Takesato
渡辺武達

論創社

メディアへの希望——積極的公正中立主義からの提言　目次

第一章　ネット社会の落とし穴

第二章　メディアの社会貢献

第三章　メディアと政治

第四章　メディアとジャーナリズムの品格

第一章　ネット社会の落とし穴

1　インターネットはグローバルか

現在のインターネット（ウェブ、ネット、ソーシャルメディア）はもはやコンテンツのネットワークではなく、プラットフォーム（メタサイト）やソーシャルネットワークの側面としての意味のほうが大きい。ウェブのそうした進化状況をオライリーは二〇〇五年、「Web2.0時代」と名付け、その後ウェブ論展開のキーワードとなっている。情報内容よりも情報送受信の形態のほうが人びとへのインパクトを持ち、社会革命的だという主張である。

一九六三年に梅棹忠夫が物の生産よりも情報とサービスがより大きな意味を持つ時代に入ったと書いたのが世界最初の情報化社会論である。今や、ネットと携帯端末が新聞やテレビ離れを誘発し、ビジネスモデルの変動をはじめ、その影響は計りしれない。とはいえ、現行のWeb2.0的議論には、マクルーハンによる「テレビは地球村の集会所」だとの主張と類似した極端な単純化が見られる。

そうした危惧を持った日本マス・コミュニケーション学会（会長・大井眞二日本大学教授）と韓国言論学会（会長・ハンギュンテ慶熙大学教授）は八月一八日（二〇〇七年）、韓国ソウルのプレスセンターで、「Web2.0時代における韓国と日本のメディアと社会」をテーマとしたシンポジウムを共催した。筆者も討論者として参加し、韓国の学者たちと議論したがいくらか認識のずれもあった。

韓国の盧武鉉（ノムヒョン）大統領の当選（在職二〇〇三〜二〇〇八年）は「オーマイニュース」などの時事問題ネットによって実現したといわれる。反対に日本のそれは大枠として「非」政治的で、ブログ（Blog）の開設数が世界一だとか、二〇〇七年上半期の文芸書販売のベストテンの半数がケータイ小説（携帯電話やパソコンに配信された小説の単行本化されたもの）であることが誇らしげに語られる。グローバル化しているはずのネットにおいても地域性が濃厚だということである。

たとえば、ネット進化の影響を社会構造的に見ると、北米ではメディア企業の統廃合や異業種による買収、EU諸国では通信ネットワークの再編とコンテンツ、アジアの日本では携帯電話などの機能強化やビジネス起業などが話題となっている。今回のシンポジウムでもNHK放送文化研究所の中村美子氏らの調査報告は、世界でも有数のネット国である韓国のそれはパソコンが基盤なのに、日本では携帯電話利用が圧倒的に多いことや、そのことが公共観の違いになっていることなどを明らかにした。これにはパソコンと携帯では利用できる、もしくは利用しやすい情報内容に大きな違いがあるということも作用している。

また、今回の韓国側の発表には、ネットは利用者・参加者の「欲望」に基づき、あらゆるものを再編し、体験させるから、社会理解はグローバルに平準化し、質的にも格段に向上する……といったバラ色議論の傾向があった。だが、先のノムヒョン氏の勝利も当時の主流メディアがあまりに政権寄りで市民の多くが変化を求めたからであって、今の韓国にそれほどのフィーバーはなく、実世界の政治／経済パワーが復権している。メディアには市民一人ひとりに直接体験以外の、社会・公共的に必要な出来ごとを知らせるという大切な役割があるが、その点でも現在のネット論の多くはポストモダニズム的で、社会運営とその現実に背を向ける傾向がある。ドイツの社会哲学者カール・マンハイムは、「イデオロギーは現実を覆い隠すメンタルフィクションである」（『イデオロギーとユートピア』一九二九年）といったが首肯させるものがある。かつてＩＴ産業の推進を呼びかけた日本の政治家がそれを「イット革命」と読んで嗤われたことがあったが、インターネット社会論についても歴史の検証に耐えられる議論は少ない。（二〇〇七年九月四日掲載、原題は「Web2.0はほんとうにグローバル？」）

2　活字文化とデジタルの共生

巷には「もはや活字文化の時代ではない」といった論があふれ、現実に大学生でも新聞を読まない者がほとんどだ。ミャンマー（旧ビルマ）で反軍政デモを取材していた日本人フリージャーナリスト長井健司さんが治安部隊の発砲により死亡した事件でも、現地住民が撮った現場映像が多くのブログで中継され、その量と質、速度は紙媒体どころか、テレビ局の報道態勢をも凌駕している。しかも、大手メディアはブログからの写真と断りつつ、それらのネット上のデータを使っている。

だからといって、ブログがプロによる情報解析や写真、文字情報に交代したわけではない。第一、長井さん自身がプロのジャーナリストであり、通信社の契約社員であった。九月（二〇〇七年）に米国とカナダへメディア動向の資料収集旅行をしたが、そこで感じたのはアナログとデジタルの文化が親密な相補関係を築くことが今もっとも必要だということであった。

旅行中の訪問先の一つはハーバード大学ニーマン・ジャーナリズム研究財団で、戦後米国の歴代大統領がその指南を仰いだジャーナリスト、ウォルター・リップマン（一八八九～一九七四）にちなみ、別名をリップマンハウスと呼称される。私自身も二〇〇一年、ハーバード大学の客員研究員としてしばしばここを訪れたが、米国のメディア・ジャーナリズム教育は日本に比べ実践的で、ニーマンフェローシップという、現役ジャーナリストを招待し、一年間みっちり教育するプログラムの実践や、社会的事実を物語形式で表現するナラティブ・ジャーナリズムの研究会議などを主催していた。

その季刊誌『ニーマン・レポート』も世界的な読者を持ち、過去一年の特集を挙げると、

「グローバルな移動と移民」（二〇〇六年秋号）「グーテンベルクよ、さようなら」（〇六年冬号）、「アフガニスタン問題の深層」（〇七年春号）、「イスラムの真相報道」（〇七年夏号）というように、世界のメディア・ジャーナリズムが直面している大問題を取りあげ、毎回、フェロー修了生を中心とした論文やエッセーを掲載している。

〇六年冬号の原題は活字文化退場の可能性を占うような「Goodbye Gutenberg」でギョッとするが、中身は現実のメディア界で何が進行し、ジャーナリストが本来の役割としての公共的問題を的確に報道していくことの有効性を筋道立てて検証したものだ。そこでは電話を使える時代になれば記者はそれを利用して取材するように、インターネットについても同じだ、大事なのは新しいテクノロジーによって右往左往することなく、プロのジャーナリスト、メディアとしての自覚的情報提供行動だと主張される。

たとえば、元フェローで、ギャラップ研究所を率いたワトソン・シムズ氏は、インターネットが活字文化に脅威を与えているのではなく、活字文化を生業としてきたものが、短期的な利益確保のために、長期的な展望なしに編集局への極端な予算削減をしていることがメディアの質的低下と読者離れを誘発していると説く。ニーマン研究所長のボブ・ジャイル氏は巻頭言で、メディアの進化が社会を変化させることは当然で、研究所もインターネット関連ワーカーをフェローとして受け入れることを考えるがそれは社会情報全体の質的向上のためである、従来的活字メディアには長い時間をかけ、プロの能力を駆使した調査と解説にその真骨頂があるのだという。

実際、日本でもインターネット関連ビジネスの起業は多いが大半がつぶれている。インターネット解説雑誌もしかり。建築家の安藤忠雄氏は、「東京方面から仕事の注文があれば大阪へ来てもらい直接対話して決める」といい、ゲームソフトの開発で世界のトップレベルにある株式会社トーセの齋藤茂社長も、「貴重な情報は長年培ったアナログでの人間関係からしか得られない」という。人間生活の基本はアナログであり、デジタルはそれを助けるテクノロジーであるにすぎないことの確認である。

（二〇〇七年一〇月二日掲載、原題は「グーテンベルクよ、さようなら？」）

3　ネット時代のジャーナリストの条件

先月（二〇〇八年四月）、「ニュー・ニュージャーナリズム」（二〇〇五年刊）という本で知られる米国のジャーナリストで批評家のロバート・ボイントン氏が同志社大学で、「ジャーナリストになるための十三の条件」と題した特別講義をしてくれた。氏は多くの論考をニューヨーカー誌などに発表しているほか、ニューヨーク大学ジャーナリズム学部でも教鞭を執っているが、開口一番、ジャーナリストになるには表現技術よりも表現したいことをどれだけもつかが肝要であり、それには広く世の中を知り、いくらかの正義感をもって自分の好きな分野を徹底的に理解することが大事だと述べた。

今回の来日は外務省外郭のフォーリン・プレスセンターの招待によるものだが、目的は北朝鮮による拉致問題報道の検証であった。日本で多くのジャーナリストや学者と意見交換したが、この問題の本質をつかめたのは横田めぐみさん（拉致当時一三歳）の新潟の生家の玄関に両親が引っ越し先を娘に知らせるために書いたビラが色あせ、ゆらめいていたのを見た瞬間であったという。

ジャーナリズムの語源は「日々の記録」ということだから、いわゆる五W一H、Who（誰が）、When（いつ）、Where（どこで）、What（何を）、Why（なぜ）How（どのように）という情報が入っていないと歴史の素材としては弱い。しかしインターネットが発達し、蓄積情報の検索が容易になった時代に情報提供のプロフェッショナルとしてのジャーナリストに求められるのは、社会の不条理を少なくするための情報提供と解説に努める「積極的公正中立主義」の活動だと筆者は考える。

新聞とテレビが社会問題の情報源として逆転したのが一九六二年で（読売新聞調査）、日米ともにだいたい同時期。それとともに実際の事件を個人の心理にまで踏み込んで描く小説的ノンフィクションであるニュージャーナリズムが登場した。T・カポーティ（一九二四〜八四）の小説『冷血』（六六年発表、和訳は新潮文庫）がその嚆矢で、その手法を政治過程分析に採り入れ、ニュージャーナリズムの金字塔といわれるたのがD・ハルバースタム（一九三四〜二〇〇七年）による『ベスト&ブライテスト』（一九七二年刊、和訳は朝日文庫）である。これはベトナム戦争取材で知り得た知見を基にアメリカ政府の最高幹部たちがいかに愚かな政策決定を行ったかを当人たちへのインタビューとデータとの突き合わせによって臨場感をもって記述したものである。

だがデジタル化時代にあってはこの手法にもさらに新しい工夫が必要になってきたとボイントンはいう。それは出来事を誰しも身近に感じられる視点と描写法の導入だといい、「ニュー・ニュージャーナリズム」と名づける。これは日常現象を物語化する手法としてのナラティブ・ジャーナリズムの提唱者であるマーク・クレーマーなどに通じるやり方で、核心的真実は生活のほんのちょっとしたところに宿っている、それを知悉して生活感覚で伝えられる方法がジャーナリズムの復権につながるということである。

ハルバースタムはかつて筆者と対談したが（『世界』一九九二年二月号、本書末尾に特別収録）、自分は娘の通う中学のPTA会報に連載をしている、みんなが地域をよく知り、社会参加できるようになれば、それがグローバルな社会の変革に貢献することになるのだと語った。今日のジャーナリズムに必要なのは何をリポートの対象としたとしても、記者の高い見識と深い倫理的自己認識がなければ受容者の共感は得られないということだ。

このことについて、中世の石工と旅人の出会いの物語から引けば、ジャーナリストの日常の仕事は、①一つの石の切り出し作業という単純肉体労働なのか、②それが礎石になることを知っているのか、③その礎石が大聖堂のどこに使われることを認識した作業になっているのか。つまり己が提供する情報の位置を見通しているかどうかでその表現法と質が変わってくるとともに、いくら頑張ったとしても全体を見通せない人の作業は歴史の検証に耐える知的成果を生み出しにくいということである。

（二〇〇八年五月一四日掲載）

4 リアリティとメディア情報の遊離

社会のグローバル化とはヒト・モノ・カネ・情報の動きが国境を超えて浸透し、全体としてグローバルな共同体に向かう過程のことである。その意味でのグローバル化は大相撲だけではなく、多くの分野ですでに現実のほうが先行しており避けられない。問題は手近なメディアの提供するイメージが人びとの世界観の形成を左右してしまっている点である。そこから出てくる問題が最近よく議論される「メディアリアリティ」（メディアの作る現実）と社会的事実の乖離の克服というテーマである。

一九九五年一月一七日に起きた阪神淡路大震災のとき、筆者はＮＴＴ関係労組の顧問をしていた関係もあり、四日目に開通した最寄り駅から神戸の三宮まで六時間をかけて歩いた。そこにあったのはひっくり返った高速道路や倒壊した建物だけではなく、体育館に並べられた毛布の下の硬直した犠牲者、メディアに取り上げられたところにだけ多く届く救援物資、川で洗濯する女性、酒やおにぎりをくれるヤクザ風の人たち、寒さに凍えながらガレキの下にいる者を助けるための重機を求める切実な声……であった。もちろん、ＮＴＴとその協力会社員たちは極限状況の中で電話施設の復旧に不眠不休で取り組んでいた。

地震直後の避難所で役立っていたのは一般の新聞やテレビではなく、生活に必要な情報を載せた手書きビラを増刷する手動の印刷機やファックス、きめ細かな情報を伝えるラジオであった。テレビも場にそぐわないＣＭを自粛していたとはいえ、そこには「炎上」する神戸市街と家族を亡くし一人たたずむ「少女」的イメージ作りといった情動的事実の断片が過剰にあった。巨大メディアの表向きの存在目的である国民の「知る権利」への奉仕（日本新聞協会倫理綱領）、「公共の福祉」の向上と「健全な民主主義の発達に資すること」（放送法）などがとても空虚に感じられた。

神戸の震災を機に日本にボランティア活動が根づいたといわれる。公平のために記しておくが、それだけは間違いなく巨大メディアの功績である。しかし、テレビ画面は涙を流す顔は映せても人間の心理は描けない。イラクでの銃撃戦を伝えることはできてもボブ・ウッドワードが『ブッシュの戦争』（和訳は日本経済新聞社刊）で再構成した米国政府中枢の動きまでは描けない。NHKと一部の特例を除き、放送局は私企業だから、連続的な赤字経営では存続できない。そのため、派手でセンセーショナルな映像と話題が選ばれ、その結果として市民／国民の社会観／世界像がゆがみ、正しい判断がくだしにくくなる。

同志社大学メディア・コミュニケーション研究センターの研究でも、バラバラ殺人等の連続報道が日本の犯罪社会化のイメージを人びとに与え、不安感を醸成し、警察的管理への依存やそれに乗じた保険ビジネスの拡大などが報告されている。このことは米国でも同様で、ソフトパワー論で有名なハーバード大学ジョゼフ・ナイ教授によれば、「米国の平均的な郊外であるニューヨーク州レビットタウンでの世論調査で、住民は〈この町の最大の問題は何か〉と質問されると、〈犯罪率の上昇〉と答えた。だが、実際にはこの町の犯罪は減っていた」（『なぜ政府は信頼されないのか』英治出版）と記している。中国などでは国家と共産党のメディア支配が強いが、日米などではオーディエンス獲得という別の論理である「市場原理」がメディアリアリティの背景に存在しているわけだ。

九・一一事件の直後からハーバード大学に客員研究員で滞在したが、R・マードックの創始したＦＯＸテレビは〝Fair and Balanced〟（公正・中立）といい、「私たちは情報提供し、判断するのは皆さん」というテロップを画面に出していた。これなどは提供情報が編集されていることを隠したごまかしだから、周囲の知識人たちは英国発信のＢＢＣワールドを好んで視ていた。日本でも国際ニュースの比較研究が進んでいる（『テレビニュースの世界像』勁草書房刊など）が、それらの多くが現在の報道特徴の指摘の域を出ていない。どういう報道をすればメディアの責任がまっとうされるのか、これからのメディア学の課題である。

（二〇〇八年五月二八日掲載、原題は「リアリティから遊離しがちなメディア情報」）

5　危険な検索エンジン信仰

グーグルやヤフーなどの検索エンジンが世界を変えると言われる。知らない場所へ行っても「マップ」で探せばたとえ夜中でも現地で困ることはまずない。また日本の慶応大学をはじめ、名の知られた大学のいくつかが世界的な規模で図書館の貴重な本をデジタル情報化し、検索エンジン大手と協力して公開の準備をしている。

商品へのお誘い情報がビジネスとなる広告業界ではその傾向はさらに顕著で、検索エンジンから自社サイトへの訪問者を増やすマーケティング手法さえ研究され、それが実際大きな利益を上げている。ＳＥＭ（Search Engine Marketing）と言われ、検索エンジンのより上位に自社サイトを掲載させる工夫（ＳＥＯ）は人びとの情報検索がたいてい、一ページ目の上位一〇番までぐらいであることを利用したものである。

多くの人がグーグルやヤフーなどの決めた序列に従って情報源にアクセスし、もうすこし知りたい場合には無料百科事典のウィキペディアを利用したり、ワンクリックでニュースや天気予報などに接している。大学生にはそれだけでレポートを書くものもいるが、ひどいのになると、「グーグルにもウィキペディアにもないがどうしたらよいか」とメールで尋ねてくる者さえいる。

だが、そうした情報環境を心配しているのが当の検索エンジンの関係者であることはあまり知られていない。彼らは一様に、自分たちの仕事は主として新聞・雑誌や書籍、従としてのテレビといった一般メディアに支えられているという。実際、検索エンジンの主要機能は「情報への案内」であり、情報の創造や収集は得意ではない。彼らによる直接的な情報提供は主流メディアが不得手もしくは倫理的にその公開がはばかられる個人情報に関わるものがほとんどなのだ。

最近の問題ではグーグルが始めた地図検索の一つ「ストリートビュー」がある。そこでは国内主要都市の道路上で撮影した写真が掲載され、民家の表札や街頭を歩く人たちまでが写っている。それらの無断公開はプライバシーの侵害だから、抗議すれば、ボカシが入れられたりするが、エンジン側が自主規制するか、被写体がアクションを起こさなければそのままであることが多い。またワンクリックで情報が勝手に移動してしまうから、学校教師が誤って生徒の自宅を特定した地図を公開してしまうといったことも起きている。

さらに根本の問題として、技術革新の大きな波とその社会的実態や影響を大局的に位置づけることのむずかしさ、事態の進行が早すぎて、識者や専門家たちが適格に判断して法制化できないことなどもある。たとえば、旧ソ連圏諸国が雪崩を打ってくずれたときの彼らのコメントの多くは米国的自由主義勝利の断言であった。市民の創造的自由が国家によって抑圧される体制がいいはずがない。しかし当の自由市場主義が現実には「拝金主義」の暴走を許し、それが行き詰まれば、政府、つまり市民の税金集金機構に支援を求めるダブルスタンダード（二重基準）に支えられていたことで今世界中が苦しめられている。

現在の社会で、パソコンやネットを使わないビジネス展開は困難であるが、同時に、社会の根幹に迫る情報は検索エンジンの第一ページにはない。ビジネスの最先端にある者がそのノウハウを公開するはずがないからだ。逆説的な言い方をすれば、重要な情報は人為的に公開回避されている傾向さえある。たとえば、カーナビは衛星からの情報と地上集積情報の合体であるが、専門家によれば、軍事衛星の技術としては一五センチ以上の地上物体は識別可能らしい。その能力のテロなどへの悪用を避けるために、一般向け（民生用）には精度が一定以上にならないように調整されている。半面、技術がプラスに機能する場合もある。今私が住んでいるマンションの向かい側に複合ショッピングセンターがあり、そのエレベーター内には利用者が自己確認できるカメラが設置されている。それに乗るとよく若い女性たちが、「こんなにはっきりと記録されておればと本当に安心……」などと話している。技術はそうした「安心」も保障するが、同時に技術信仰に陥って、「想定外」の巨大災害などに突然襲われ犠牲にならないような情報リテラシーが求められるということである。

（二〇〇八年一一月一二日掲載）

6　メディアが作る人気投票型政治

サンケイEX紙一面見出しにも、「〈民主政権〉勢い止まらず」とあるように、今夜（二〇〇九年八月三〇日）、メディア的にいえば、「戦後日本最大の政治イベント」である執権政党の交代が起きるようだ。だが今の状態での交代では日本社会の脆弱さだけが残り、いつまた揺り戻しがくるのかと不安になる。有権者は四年前、小泉純一郎首相（当時）の郵政民営化問題をシングルイッシュー（唯一の争点）とした衆院選で熱狂的に自民圧勝を後押ししたが、今度も次も同じ仕組みでの人気投票的判断をするだろうからである。

もちろん、デモクラシー（民主制）は語源的にも「民衆による政治決定」のことだから、客観的な民意の反映である選挙結果は尊重すべきだ。だが「小泉劇場」に熱中し、今度はそれを簡単に否定する民意はかつての日独伊のファシズムへの国民的迎合と構造的になんと酷似していることか。そのことは一八日の公示以後の各紙一面トップの見出しを拾うだけで分かる。「政権選択〈自公〉か〈民主中心か〉」（一八日）、「民主、三〇〇議席うかがう勢い、自民は苦戦、半減か」（二〇日）、「民主、三〇〇議席越す勢い」（二三日）、「民主三二〇超、自民一〇〇前後」（二七日）、「比例投票先　民主三五％、自民の二倍」（二八日）、等々。簡単な街頭や電話インタビューを交えたテレビニュースも内容は新聞と同じだし、週刊誌はさらに露骨に「自公から民主への交代」を煽っている。

私自身、一九九〇年に知人が京都で衆院選に出たとき、頼まれて選対事務長をやり当選させたが、勝つときは現場事務所にいると事前にわかる。新聞もＮＨＫ記者も担当者が半ば公然と世論調査の結果や対立候補の動きを教えてくれた。日本では警察も選挙に敏感で確度の高い情報を持っているが、そこからも情報が入ってきた。また自陣営の演説会場の入りが急に増え、それまで反対陣営に顔を出していた者たちも「お土産」（組織票、ときには軍資金）持参で挨拶にやってきた。今回の場合、民主の優勢は社会保険庁による不正行為以後の参院選ではっきりしたから、政治動向に敏感なＮＨＫでは今、過去の戦争を反省する内容の番組を多く流すようになり、かつてはこの種の番組の流し方について元首相の安倍晋三氏や元財務相の中川昭氏らに相談していたときとは隔世の感である。

日本テレビの元キャスター・小栗泉氏が、メディアは放送法や編集・倫理綱領の表面的規定に囚われることなく、政治的観点を明らかにした報道をせよと呼びかけている（『選挙報道　メディアが支持政党を明らかにする日』）。筆者もメディアが「世におもねらず、所信を貫く」（日本新聞協会新聞倫理綱領）報道をすべきだと思うが、同時に私たちはメディア自身がなぜこれまでそれが出来なかったかを精査しておかなければなるまい。Ｊ・Ｎ・カッペラらが米国ペンシルベニア州フィラデルフィア市長選の報道を分析し、メディアは対立候補を競馬のように競わせ、当落までの実況中継をしていると喝破した（『政治報道とシニシズム』ミネルヴァ書房）。今回の日本の「政権交代」報道はまさにその指摘通りで、そこには「報道による公共善」（同書の副題）の創造姿勢はない。前回選挙でのマニフェスト（政権公約）が守られたかどうかという肝心なことさえ検証されていない。

米国ではそうした報道が国民をシニカル（冷笑的）にし、公益にかかわる事象を真面目に考えなくさせ、結局はメディア自身の首を締めている。ちなみに、日本の新聞はテレビよりも信頼され（日本新聞協会調査）、その点では欧米とは逆だし、メディア全体への信頼度でも新聞の購読率でも日本のそれは米国よりもはるかに高い。だが、日本の報道も人びとの日常生活の表面的な損得と、分かりやすさと面白さを中心にしている点ではあまり変わらない。メディアが私たちに提供してくれる情報だけで私たちが自らの将来をじっくりと見据え、熟慮型民主制（deliberate democracy）を確立することができるようになることが大事だ。が、四年前に小泉氏が言った「古い自民党をぶっ壊す！」ことだけが、「自民党の溶解」（新聞の見出しから）として今夜、「真夏の夢」から真実になる可能性が高いことに複雑な思いである。

（二〇〇九年八月三〇日掲載、原題は「容易でない熟慮型民主制の確立」）

7 ネット時代と新聞再生の条件

九月四日（二〇一〇年）、米国コロラド州都デンバーで開催されたシンポジウム「通信技術の発展と倫理」に出席した。主催したメディア社会研究所のビル・マッケイ所長は冒頭、今年二月に経営不振で廃刊に追い込まれた州最古の新聞ロッキー・マウンテン・ニュース（略称、RMN、一八五九年創刊）にふれ、「メディアは社会の動きに連動するが、社会の灯台としての役割を忘れてはならない。コミュニケーション技術の発展はその助けになっているのだろうか」と問いかけた。

米国ではこの数年、毎年五〇以上の地方紙が経営難で発行停止に追い込まれている。インターネットが活字文化を圧迫しているためだとの議論が米国でも日本でも盛んであるが、経済が上向き、識字率が向上している中国やインド、あるいはアフリカ諸国ではネット利用とともに新聞発行部数も増大している。新聞需要の増減が媒体別社会的ニーズだけではなく、情報ニーズの総量変化によっても起きている証拠である。

一方、きびしい言い方になるが、新聞経営の危機は業界には大事件だが、利用者である市民には必要な情報の入手先はどこでもよい。歴史的に考えても、通信は、①口頭、②活字、③電気アナログ通信（電話、ラジオ・テレビ）から、④デジタル時代のネット（パソコンと携帯による通信との融合型へと進化しただけで、いずれの形態もなくなってはいない。

とすれば、今私たちが問われるのはデジタル化時代の民主制の維持、向上はいかにして可能か、換言すれば、プロフェッショナリズム（高い専門性と倫理性）による情報提供はどうしたら維持できるかということである。少なくとも米国での自虐的ささやき、「新聞の時代よ、さようなら、汚職の新時代よ、こんにちわ」（P・スター著、二〇〇九年刊）、「メール通信が専制を招く」（J・フリーマン著、二〇〇九年刊）といった認識だけですますのは間違っている。

コロラド州とその周辺の新聞読者をRMNと二分し、勝ち残ったデンバーポスト紙のマーク・ジャフィ編集委員は、RMNの読者約二〇万のうち一割ほどがポスト紙に移ってきたが、その他は新聞そのものへのアクセスを止めたか、他のより小さな地域紙に移ったといった。実際、日本の陸上選手たちの高地訓練で有名な、デンバーの隣接都市ボウルダーの地域密着新聞「カメラ」などが大きく伸びている。世界や全国のニュースと知人の個人情報はネットで知ることができるが、その中間にある信頼できる自分の住むコミュニティーについての情報はプロが取材した新聞が一番だと市民は考えたのである。

日本のネット礼賛者には、「実世界の暗さなど見たくない。ネット世界にこそ、バラ色の可能性と生きる意味が見いだせる」という意見がある（梅田望夫他『ウェブ人間論』など）。しかし、現実の世界は政治も経済も軍事も、グローバルな力学で動き、ネットを運営する会社もその例外ではないから、ネット空間だけでの生き方の奨めに合理性は認められない。さらに、日米欧の研究が実証しているように、実際のネットには国家や民族や言語の壁がある（国際社会経済研究所監修『ネットの壁』NTT出版など）。またその過度の依存者は居住コミュニティーと他者への関心を希薄にする傾向がある。そうした自省がネット推進論者になければ、現行のネットブームも早晩、かつての恐竜のように、自滅せざるを得ないだろう。

情報のデジタル化は必然である。だからこそ、ネットによる通信で抜け落ちやすい人間生活の重要情報を他のメディアがどのように担保できるのかを検討し対策を講じることが重要なのである。新聞でいえば、その弱体化が社会情報総体の劣化とならないようにすることが私たちの課題となる。そして、それこそが米国の良識あるメディア関係者の関心事で、いくつかの提言や研究報告書がすでに出ている。一つは筆者の友人で、コロンビア大学のM・シャドソン教授がワシントンポスト紙のL・ダウニー副社長との共著で提言した「米国ジャーナリズムの再建」（〇九年）。そこではメディアのジャーナリズム性の復権には報道機関のNPO（非営利団体）化が必要だという指摘までなされている。

後者の代表がこれまでにもプレスの自由問題の共同研究などで、メディア界に大きな影響を与えてきたアスペン研究所による報告書「デジタル化時代と民主制の維持」（〇九年）だ。公共財であるメディアは市民自治に必要最低限の情報を保障すべきことを包括的な展望のなかで説いている。そうした真剣勝負のデジタル化議論が業界と学界の協力で日本でもなされなければならない事態になっている。

（二〇一〇年九月一二日掲載、原題は「デジタル化時代の「新聞再生」の条件」）

8　海保ビデオの流出と公益性

九月（二〇一〇年）以来の二ヶ月あまり、メディアの最大の話題は尖閣諸島日本領海内での海上保安庁（以下、海保）巡視船と中国漁船の衝突事件に始まる両国間の対立関係であった。極めつきは今月（一一月）四日の海保職員による、インターネット（以下、ネット）動画サイト／ユーチューブへの投稿である。このビデオ問題には、①領有権問題への適切な対応の他に、②国家の情報管理と外交、③公務員の守秘義務違反とその適用範囲、④国内世論への影響、⑤ビデオそのものの検証、⑥国民の情報リテラシー……といった各観点からの精査が必要である。その上に立った議論がないと感情論ばかりで一連の失敗の経験は生かされない。

筆者がメディア社会論としてまず驚いたのは、政府が一般公開をしないと決めた内部情報つまり関係公務員が職務として得た情報を公然とネットに投稿したことだ。その行為が国家公務員の職務違反であることは明白だが、同時に、ネットが、①社会の透明性の保障と、②信頼度の認知においても新聞やテレビ以上に信頼される時代に入ったことの象徴となったからである。

ネット情報の多くは、①発信の段階でプロフェッショル（高い倫理観を持った専門職）のチェックを受けず、②いったん公開されるとコピーされ、流通し続ける。今度の件でも海保職員みずから、数時間後に投稿映像を削除したが、コピペの繰り返しで実質的「公開」状態のままである。しかも今回の事件では、テレビや新聞が衝突場面だけを後追い報道し、日中の対立面だけをトレンドとして増幅してきた。筆者は公開された映像が捏造だとは考えないが、海保が編集したものだ。それを基にした日本の議論の大半が中国漁船による「体当たり」という側面に過敏に反応していることには若干の危険を感じる。

問題の投稿映像は計四四分だが、筆者はそれをあるテレビ局のカメラマンと点検した。同録音声と文字記録からは漁船の発見から船員の拘束までに5時間以上あったことがわかる。撮影も三隻の巡視船（「よなくに」「みずき」「はてるま」）から行われ、投稿映像のマザー（原記録）だけでも四時間三六分である（海保資料）。一部国会議員が見せられたものは投稿映像をさらに六分に再編集したものだし、マザーはもっと多くあるはずだが、そこに撮し込まれた衝突場面は二回とも、停止（に近い）状態の巡視船に漁船が突っ込んでいるかのように見える。だが、両船の航跡（残された白い泡）に注目すると、高速の巡視船が漁船を停止させようとその前方に回り込み、そこへ直進して逃亡する漁船が衝突したという可能性が否定できなくなる。動いている場所から撮影された映像は対象物だけが移動しているというイメージを作るからだ。

取り調べを受けた海保職員当人はその後、記者たちの前で「世間を騒がせた」として謝罪し、動機については「政治的意図はなく、多くの人に遠く離れた日本の海で起こっている出来事を見てもらいたかった」などと書面で述べた。しかし「編集」映像が情緒的に世論を動かしてしまったのだから、この職員もまた稚拙な菅直人内閣同様、じつに単純思考の持ち主らしい。

一一月一八日には、日本テレビの昼番組「DON！」が「イマドキ小学生事情」なるコーナーで、小学生二〇〇人に「総理大臣にお願いしたいこと」をたずねた。第一位を占めたのは「授業を減らしてほしい」で、四四人。その次が「中国と仲よくしてほしい」の三九人……。遊びたい一心の子どもの、世間の風潮に反応した感想にすぎないが、国家対立を強調したがる日中の大人たちよりも、日本の子どものほうが結果として冷静ではあるまいか。

グローバル化とは情報・金・モノ・人間が国境を超えて連動する状態のことだから、そこでは国境の壁が低くなり、国家が「地球社会の地方自治体」化せざるを得ない。EU（欧州連合）だけではなく、足下でもAPEC（アジア太平洋経済協力）の具体化としてTPP（環太平洋連携協定）による関税の相互撤廃が進みつつある。そうした時代に必要な情報リテラシーには、中・韓・露といった周辺国とのやっかいな問題を克服し、共存／共栄関係を作っていく知性の確立が肝要である。そうした方向性での議論の提示がメディアと識者の側にないと、日々の雑事に忙しい読者・視聴者は事件のたびにメディアからのアンケートに直感的に答えさせられ、それに政治家たちが反応し国会で議論するという情けない状態が今後も続く。

（二〇一〇年一一月二四日掲載、原題は「海保ビデオ〈漏洩〉問題の教えるもの」）

9　ウィキリークスの暴露と国家の安全保障

沖縄返還での密約事件を筆頭に、各界で情報管理と関係者の保秘義務が話題である。政府も一二月七日（二〇一〇年）、日中船舶衝突事件での海保ビデオ流出を機に、「情報保全に関する検討委員会」（委員長は仙谷由人官房長官、当時）を立ち上げ、一六日には外部から提言をおこなう「情報保全システムに関する有識者会議」の設置を決めた。その直接的背景にはビデオ漏洩の前の警視庁公安部作成による国際テロ関連捜査資料の流出（一一月）、米国の外交文書と多国籍企業の秘密情報数十万点を公開したウィキリークス（以下、WL）による日本関係情報の公開予告などがある。NHKも「クローズアップ現代」で、J・アサンジWL代表へのインタビューを含む〈機密告発サイト・ウィキリークスの衝撃〉を特集した（一一月四日）。海保ビデオ・国際テロ情報・WLの三つの共通事項として、第一、デジタル処理技術の発達が大量情報のコピーと送信を容易にしていること、第二、組織の秘密情報を知り得るものがその公開を企図した場合、新聞やテレビに頼らなくなっていること、第三、ネット接続環境さえ整っておれば、誰にも機密情報の公表が可能になったということがある。加えて、WLの場合には告発情報の真偽判定と社会的価値評価にニューヨークタイムズ（米）やルモンド（仏）といった大手メディアの記者たちが協力し、ＷＬとほぼ同時に記事化している。いずれも中国やロシアなどの言論統制国家のマスメディアではむずかしいことである。

メディア・ジャーナリズムの倫理からいえば、組織的な反社会情報の隠蔽は告発されるべきものだ。そのため、称賛者はＷＬを人びとの知る権利に奉仕する〈正義のメディア〉、調査報道の新しい形式だと評価する。反対に、批判者は社会を不安定にする活動で、国家の安全保障を脅かす〈犯罪的メディア〉だと弾劾する。国家には国際ルールを遵守しながら、自国民の安全を守る義務があり、外交には結果が出るまで保秘されるべき「プロセス」情報がたしかにある。たとえば、ＷＬがこれまでに明らかにした米国関連文書や映像データには無差別なイラク市民殺害など、まさに大国の横暴を明らかにする米軍の残虐行為が含まれている。だが、公表された文書の中には交渉中の案件も混じっているから、私たちには今、民主制下の責任ある表現の自由と機密情報保秘基準の調整が焦眉の急だということになる。

かつて防衛庁（現防衛省）長官（一九七四〜七六）であった坂田道太氏は「ウサギは相手をやっつける動物ではないが、自分を守るために長い耳がある」といった。しかし、現在の日本にとって、①日米関係をさらに強固にする、②米中との協議を基軸にする、③日本が独自の防衛体制を構築する、という三方向以外の現実的選択肢はない。だが、③の場合には米中と北朝鮮が核保有国であることを考えれば、日本には核武装による専守防衛しかなくなる。

いずれの選択にも、坂田氏の唱えた「ウサギ化」の情報収集が不可欠だ。そうした情報までがＷＬなどに暴露されてはたまらない。

ところが、現実の日本はどうか。北朝鮮に弟夫婦（薫氏、祐木子氏）を拉致された蓮池透氏は、拉致実行国家と日本政府の対応ぶりを評し、「無法国家と無能国家。二つの国と闘わなければ弟は戻って」こなかったと記した（『奪還 引き裂かれた二十四年』新潮社刊）。これは笑い事ではない。ＷＬとそれを批判する関係各国の対応にもまさにこの「無法」と「無能」、さらには民主制標榜国家の現実的「二重基準」がある。たとえば、米国は自国の法律では処罰や拘束のできないアラブ人をキューバのグアンタナモ基地内に今も拘留するという「無法」とダブルスタンダードという狡猾さだし、日本にいたっては国際テロ情報を「内部者」が漏洩しても、「持ち出し行為」の事実そのものさえ認められない「無能」ぶりだ。

問題はなぜ日本がそうなってしまったのかだ。私見では、一九四五年からのＧＨＱ（連合国軍総司令部、実質的には米国）の占領支配がこれまで日本に独自の外交／防衛政策の立案を許してこなかったこと、そして政府も財界も国民も経済発展さえできれば……ということで、唯々諾々とその状態を受けいれてきた矛盾の結果が現在だということだ。

（二〇一〇年一二月二二日掲載、原題は「〈ウィキリークス〉の告発と独立国家の安全保障」）

10　中東「民主」革命とネットの役割

一九八九年の東欧の旧ソ連衛星国家群のように、今、中東の独裁・腐敗国家のリーダーたちが国民のデモによって次々と倒されている。デモの呼びかけがＳＮＳ／ソーシャルメディア（Blog、twitter、facebookなど）と総称されるインターネットの交流ツールによってなされることから、「ネット革命」あるいは「ソーシャルメディア革命」といわれる。マスメディアが権力者の宣伝機関化した国ではそういう言い方に妥当性があろうが、日本のマスメディアまでがそうした自己否定的呼称を安易に使うことはメディアと社会との関係の正しい理解につながらない。国際的には国家や大企業の内部告発サイト「ウィキリークス」、国内でも尖閣諸島沖での日中船舶衝突事件の映像が投稿された動画サイト「ユーチューブ」の例など、マスメディアへの信頼度の揺らぎはたしかに大きい。しかしグローバル化した社会の秩序ある建設と運営のすべてをネットに依存できると人びとが考え、ネットだけを民主化の守護神とする考え方は空想にすぎないばかりか危険でさえある。

地図からも一目瞭然だが、チュニジア・エジプトなどの北アフリカ諸国の国境線には直線が多い。かつてのヨーロッパの植民地宗主国が談合し、現地居住の部族と宗教に関係なく自分たちの利権分割のために国境線を引いた結果だが、解放後の現地独裁者たちも宗主国の統治法を踏襲してきた。チュニジア「革命」は二〇一〇年一二月一七日、定職に就けない青年が仮設した路上の果物売り場を当局が違法だとしてぶちこわしたのが発端である。衣食住にも困る社会で、ささやかな生存の努力まで否定されたその青年は絶望し、抗議の焼身自殺をした。政府統制下のマスメディアが報じないその事件映像を別の若者がネットに投稿し、転送され、クチコミでデモが広がり、一か月後にベンアリ大統領の国外逃亡になった。

隣国エジプトのムバラク大統領の辞任もそれに触発され、同様の仕方で起き、その隣りのリビアでもカダフィ大佐の追放運動に火がつき、それらがバーレンやイエーメンなどの国王・族長支配の打倒運動につながっている。中東からの影響を恐れる中国では胡錦涛主席自らがネット統制の必要に言及し、ロシアでもセチン副首相がグーグルを公然と批判し、反政府言論の取り締まり強化に乗り出している。しかしドイツの歴史哲学者ヘーゲル（一七七〇〜一八三一）が喝破したように、「世界史とは自由の概念の発展にほかならない」（『歴史哲学講義』）。

どこの国にも人びとの不満はあるから、執権者はメディアによる情報操作でそれを抑え、それが一定限度を超えないようにする。こうした情報操作の専門家を「スピンドクター」というがどこの政府にも少なからずいる。米国から例を挙げれば、二〇〇五年八月、国民はハリケーンが直撃したニューオーリンズで家屋が水没したのが主として貧困者居住地区であったことに驚いた。テレビドラマやＣＭはアメリカンドリームの虚像しか伝えていなかったからである。一九六〇年代のベトナム戦争では税金と兵士の犠牲が多くなったことへの国民の不満と、政府の公式発表を否定する現実の戦場からの悲惨な事実報道が合体して政府に停戦を受けいれさせた。

日本でもかつて現職の首相が広島の被爆者療養所を訪れ、「病は気からですから……」といって慰め、ひんしゅくを買った。今日でも書店には『希望とは自分が変わること』といったタイトルの本が並び、起因責任が強者の失策ないしは横暴にあるといった印象は極力避けられている。中東研究者の重信メイ氏がいうように、現地では識字率が低く、衛星放送のアルジャジーラやネットの情報がクチコミで拡大伝播され、人びとが苦しみの共通性を知り、不条理の是正に動く。その意味で、今回の政変は私たちに民主主義とは何かという根本の問題を考えさせる。

見通しなく突き進み最後は自己破滅した戦前の日本では、当時の国民は軍国政治を圧倒的に支持した。だから、単純な多数決だけではとても危ない。民主政治の基本はメディアが正確な公益情報を提供する社会の市民が自分たちの幸せの確保のために作る自治政治のことだと考えるべきだろう。それは単純にパソコンをクリックして民意を測定するという電子政府

（E-政府）によってできるものではない。そのことをおさえておかないと、「革命」の主体となった中東の民衆は、旧ユーゴのように、独裁が止まったあとでまた部族間、宗派間の闘争を繰り返すことになる。

（二〇一一年三月二日掲載）

11　ソーシャルメディア楽観論の裏側

現在の日本では、携帯電話、スマートフォンを含め、家庭のインターネット使用率が九〇％を超え、なかでも一〇代から五〇代までのSNS／ソーシャルメディア（Blog、mixi、twitter、facebook など）の利用が活発化している。SNSでは従来のホームページ閲覧とは違い、参加者が分かる小集団のコミュニケーション形式が保障されていることから、東日本大震災の現場でもきめ細かいボランティア救済活動での連絡等を容易にしている一方で、一般問題として、とくに一〇代後半から三〇代前半の年齢層による犯罪自慢や有名人への誹謗中傷、プライバシー侵害、はては金銭詐欺などの反社会行為にも使われている。

ソーシャルメディアが世界的に大きな話題になったのはこの一年ばかりで、チュニジアに始まり、エジプト、リビアと中東革命の花形とされたからだ。そして今なお、シリアやイエーメンでは政府による情報統制との攻防戦の武器となり、中国やロシアなどでもその統制が国家の重要課題になっている。二月三日（二〇一二年）のＴＢＳ系全国ニュースが報道したように、在北京イラン大使館名義のブログが偽物と発覚したような、国際情報撹乱のための利用もある。背景には米国主導でイランの核兵器開発に圧力をかけるためのイランからの原油輸入中止の呼びかけにＥＵ（欧州連合）や日本などが賛同し、中国はそうした措置は世界を不安定にすると主張するという対立の構図がある。

その点、レストランランキングを上げるため、ブログへの「やらせ」書き込みをする会社が出てきたなどという日本の不正はスケールが小さい。だが、そうした日常生活レベルのマイナス面も放置しておけない段階まで来ているのも確かで、最近では大手電器量販店が従業員向けにソーシャルメディアを使っての反倫理的情報書き込みをしないよう……との通達さえ出した。そうしたことを憂慮し、日本マス・コミュニケーション学会ではこの一月二五日（二〇一二年）、「若年層のＳＮＳ利用に関する倫理規範の構築について」と題したメディア倫理法制研究部会ワークショップを同志社大学で開催した。

そこではこの問題に詳しい中谷聡氏（京都光華大学講師）が問題の実状を説明し、解決すべき点を列挙した。それを受け、パブリックジャーナリズム論で知られる津田正夫氏（立命館大学特任教授）が討論者として立ち、これまでのインターネットに強かった一方向的な情報の流れと、ＳＮＳの親密圏との違いを明確にしながら、①「反倫理」「有害」とは何か、②

「反倫理」と「有害」の認定者は誰か、③ルール・掟、マナーの設定の是非、④メディアの事業者や監理者の商業的利用傾向の危なさ……といった基本的なことから議論すべきであると指摘した。司会は筆者が務めたが、学界での共通の関心はメディアの新技術の利用にあたり、その利便性をいかに公益性の増加に振り向けられるかにある。巷間の議論にしばしばある、人間には理性があり、情報が全面公開されればその悪用は自然と少なくなるとする完全解放論はもはや夢だ。研究会には関西地区の新聞やテレビの経営陣や現場の記者も多く参加し、マスメディアとSNSの特性を活かした相互乗り入れとコラボ、そこに至るまでの各メディアの特性の社会的学習の重要性や総合的な情報アカウンタビリティにまで話が及んだ。

メディアの発展史にはいくつかの社会的法則がある。第一は、新しい技術の大規模開発は国家利益か軍事利用のために行われるということ。たとえば、一九世紀の電信は七つの海に広がった英国の植民地支配に必要であったからだし、現代のインターネットは冷戦時代、ソ連からの核攻撃を恐れた米国が情報拠点の分散を図ったものだ。第二は、それらが社会的に民生普及するのは販売利益が見込まれるときだけであること。第三は、新しいメディアはそれまでになかった社会問題を同時にもたらしやすいということだ。

活版印刷の聖書はローマ教皇庁による神のことばの独占的解釈を許さず、宗教改革に結びついた。テレビは活字読者の能動的態度を受動的に変えた。そのような関係枠の中で、SN

S／ソーシャルメディアは私たちに何をもたらすのか。過去を振りかえることは出来ても過去は変えられない。しかし、今私たちが過去を参考にどのように行動するかで、未来への方向を創ることは出来る。

（二〇一二年二月八日掲載）

第二章　メディアの社会貢献

1　人間の記憶と映像の威力

誰にも記憶に残っている写真というものがある。最近の大学生の場合、第一次湾岸戦争時（一九九一年）の油にまみれた水鳥や阪神淡路大震災（一九九五年）における倒壊し、折れ曲がった高速道路ではなく、ファッションや好きな俳優といった個人的な想いを除けば、直近では新潟や中国の四川汶川の地震やアフガニスタンでの戦争など、戦争や災害のケースが多い。ところがそれらの記憶にはストーリー性が希薄で、第一報の衝撃映像が強調された形で残っている。三〇代以上の大人でも、水鳥の例でいえば、イラクが油田を爆撃しそこから流れた原油が巨大な環境汚染を引き起こしたという脈絡で定着してしまっている（新藤健一『写真のワナ』情報センター出版局刊などを参照）。実際にはその年の暮れ、日本のテレビ朝日がフランスなどの商業衛星撮影写真を検証し、その油が米国軍の爆撃したクウェートの原油タンクから流出したものであることを突き止めた番組を放映している。それは世界的スクープといえる調査報道であったのだが、この番組によってオーディエンス（視聴者・読者）のほとんどが圧倒的規模による最初の理解スキーム（枠組み）を修正するまでには到っていない。

日本語の写真は「真（まこと）を写す」という意味だが、英語のフォトグラフ（photograph）

は語源としてはギリシャ語の「光で描く」ということから来ており、真実かどうかにはあまり関係がない。旧ソ連や北朝鮮では失脚した閣僚などの顔が後の記録写真から抹消されることがあるが、報道ではフォトジャーナリストという言葉が定着している。

この分野の歴史には一九四七年に自らマグナム・フォトズという国際的な写真通信社を作り上げ、ベトナム南部のメコン・デルタでの戦争取材中に地雷の犠牲になったロバート・キャパ（一九一三〜五四）の名前が必ず出てくる。その写真論と人物像については著書『ちょっとピンぼけ』（文春文庫）を読んでほしいが、彼は一九三六年に勃発したスペイン内戦に従軍し、コルドバで撮った「敵弾に倒れる義勇兵」がアメリカの写真雑誌『ライフ』に載って有名になった。

この写真に日本人が深く関係していることはあまり知られていない。筆者の同志社大学大学院時代の指導教授は元毎日新聞の特派員城戸又一氏であった。城戸氏はキャパと同じ宿舎に滞在していたが、キャパはカメラを紛失し、写真が撮れないでいた。新聞は目で見て書けるし、写真は通信社から買えばいいが写真家はカメラがなければ仕事にならない。この時、城戸氏がキャパにライカのカメラを貸したのであった。

『ライフ』はテレビ時代の始まる前の一九三六年、世界のできごとを「見て、楽しみ、驚き、学ぶために」（創刊のことば）発行されたが、テレビ時代の到来により七二年に週刊誌としては休刊を余儀なくされる。しかしこのライフが一九六九年、その発行の前週にベトナムで死んだ二四二人の米兵の顔写真を名前と年齢をつけて並べた「アメリカよ、汝の息子たちに会いたまえ」と題した六月二七日号は、戦死者の多くが貧しさで大学へ行けないため奨学金をあてにして兵役志願した未成年者であることを米国民に知らせ、いっきに厭戦気分が拡大、政府をベトナム平和交渉へ向かわせた。九・一一同時多発テロでは、ニューヨーク・タイムズ紙が犠牲者の写真と名前を列挙して掲載したが、それはライフが使った手法を真似たものであった。その中に消防士が多かったことが、その翌年、それまでのアメリカの世論調査に決して表れなかった消防士が「尊敬される職業」の最高位にランクされる機運をつくった。

それらのことは私たちに二つのことを教えている。第一は、報道はインパクトのある第一報がすべてを決めてしまうということ、第二は、オーディエンスはストーリーとしてではなく、トピックとして物事を記憶しているということである。つまり、社会的重要度とは関係なく、最初の報道によって、私たちの世界観が形成されてしまっているということである。しかもそれは人間の生物学的防衛本能と俗的興味から来ているようだ。

（二〇〇八年六月一一日掲載、原題は「記憶を作る映像の威力」）

2　報道の中の戦争と住民の記憶

九月一日（二〇〇九年）から一週間、終身大統領ヨシップ・チトー大統領が君臨していた旧ユーゴ圏であるクロアチア、モンテネグロ、ボスニアヘルツェゴビナ、スロベニアに滞在した。ここ二〇年ばかりの欧米メディアが報じてきたこの地域は「民族と宗教の違いによる紛争地」で、ＮＡＴＯ（北大西洋条約機構）軍の空爆が横暴なセルビア人勢力を黙らせ、やっと平穏が戻ったにすぎない所。日本ではそれらのこともすでに「過去」になり、美しい海と世界遺産の古都が観光客を引きつけてやまないとの宣伝が盛んである。だがそうしたイメージの消費では同様の災禍の再発は防げまい。つけ加えておけば、かつてはイスラム系民族がセルビア系を弾圧していたこともあったのだからメディアの射程は短すぎる。

筆者が最初にこの地域を訪れたのは一九八一年、チトー氏による社会分権政策である「自主管理主義」と米ソの大国支配に与しない「非同盟主義」全盛の時代であった。会議の合間に遊んだノビサド（モンテネグロ）では人気の酒場へも行ってみたが、人びとは同時代の欧米とまったく変わらぬ服装と雰囲気で飲み、食べ、歌い、踊っていた。書店で販売されている雑誌類の性表現も北欧やドイツ、オーストリアなどと変わらず、オープンであった。次に訪れたのがチトー氏の死後で、ソ連とその東欧衛星諸国家が瓦解し始め、クロアチア内戦が始まっていた一九九一年。サラエボ（ボスニアヘルツェゴビナ）でも政情不安から物価が高騰し、現地のホテルからのファックス一枚が日本円で一万五千円もかかり閉口した。その後、戦禍は他地域にも広がり、全体で百万以上の人びとが家を失い、傷つき、やっとコソボの独立が宣言され、小康状態となったのがつい先年のことである。

アジアのカンボジア、アフリカではルワンダなどがそうだが、こうした紛争の原因は民族と宗教、あるいはイデオロギーの対立でかたづけられることが多い。だが、果たしてそれだけか。一九一三年、米国の著名な歴史家C・ビアードはその著『合衆国憲法の経済的解釈』で、巷間では、①「英国からの独立」、②「自由と人権」を基礎に書かれたとされる憲法条項の賛同者のほとんどが自己が投資した公債や奴隷制の維持を含む経済的利益の保全を連邦制度採用の前提条件としていたことを論証した。当然、体制迎合的な学会主流からは猛反発されたが、ユーゴ紛争でもこの利権と怨念による争いが背後にある。

現地の知人たちも、四〇％以上のひどい失業状態にあるのに、政財界の指導層は肥え太っていると伝えてきている。たとえば、現地で売られているものは野菜や果物、ワイン等を除けばほとんどが高い輸入品だし、国内事業の多くは援助に頼り、その過程でエリート層に金が回るという弱者軽視の螺旋構造ができあがっている。民族の対立についても、たとえば、和人はアイヌを圧迫し、追い詰められたアイヌは「サハリン」島へ渡り、そこのギリヤーク人を追い上げたことを村上春樹氏がロシア作家の研究を引用して『1Q84』（新潮社刊）で紹介しているが、旧ユーゴ地区もロシアと親密なセルビア、それと対抗する中東産油国から応援を受ける民族を経済的理由から応援するNATO加盟諸国、難民流入を防止したい周辺諸国の思惑と武器商人たちの暗躍、それらを糊塗するメディア情報が紛争を集中、長期化させたというのが現地知識人たちの見方であった。

コソボでは日本からの援助による通学や公共交通用の黄色いバス二〇台ほどが弾痕の残る家の前に並んでいるのを見たが、近くには真新しい白い墓標が並び、多くに一九九二〜九四の死亡年が記されていた。外国政府の援助と寄付金で修復され、ユネスコの世界遺産にも指定されたモスタルの橋のたもとに立つ石碑には「Don't forget 1993」（1993年を忘れるな!）とあった。だが政治情報はいずれかの側の反発をかい危なすぎるためか、現地で極力見るようにしたテレビではドイツやフランスのアニメやアメリカのホームコメディが多かった。それまで仲良くしていた人たちが、民族間結婚をした場合には親族同士でさえ傷つけ、殺し合った現場を見たクロアチアの一二歳の少女ナナが地元ラジオ局に寄せた「世界」と題した詩にはこうある（『ぼくのうちは殺された―クロアチアの小さな村から』彩流社刊）。

たくさん穴のあいた／大きな黒い球／真っ黒な世界が深く人々の心につきささる。

虹色のチョウが黒い世界の上を飛んでいる／世界にはまだチョウがいる／それは私の心。
世界にはひどいこともたくさんある／それは私の現実。

（二〇〇九年九月一三日掲載、原題は「報道の中の戦争と市民に刻まれた記憶」）

3 「北京」五輪とメディアスポーツ

北京五輪の閉会式の二四日（二〇〇八年九月）、関西空港発の午前便で中国遼寧省の工業都市、大連に向かった。晴天の大阪から二時間半、到着した大連の曇天を大気汚染と受け止めた数人の日本人女性がマスクを着用したら、迎えのガイドさんが「北京には黄砂が来るが大連は工場の煙だけだから大丈夫です！」と言ったのにはびっくりした。

中国には毎年来ているが、今回の目的は五輪が地方都市に与えた影響と北朝鮮の拉致問題を中国東北部で探ることであった。中国の国民と政府の五輪への態度は私が大学二年次で経験した東京五輪（六四年）のそれと酷似していた。当時の新聞を調べるとわかるが、日本政府もメディアも外国からのお客さんに「恥ずかしい日本を見せないで……」との大合唱では一致していた。おかげで、新幹線が完成し、街路樹が整備され、英会話塾が繁盛し、国民も経済の活況に沸いた。そして東京の次は大阪で……と七〇年万博へと勢いがついた。これは

「中国が世界の中心になる」との標語をあふれさせた北京（政治力学的には「中国」）五輪から上海（中国）万博への今回の構図そのままである。

どこの国でも巨大スポーツ大会は国家イデオロギーの宣伝の場という面があり、日本のそれは市場経済主義拡大の手段であった。それは今でも中国や日本、その後の韓国、もっといえば現代の「メディアスポーツ」一般に共通する。たとえば、水泳のシュルペス選手の八冠も北島選手の平泳ぎ二冠も立派だし、二人とも偉大なスポーツマンだが、そのテレビ観戦そのものはスポーツではなく、エンタテインメントである。①アスリート②大会組織者③観客・視聴者に分化した政治経済システムとしてのメディアショーが「スポーツ」と誤解され、そこにはスポーツ本来の目的である心身の健康増進と社会ルール順守の学習への呼びかけはない。選手は四年の一度の機会に金メダルをとろうと身体まで犠牲にし、その背後にはそれを政治とビジネスの利益拡大に利用する構造があるわけだ。

中国のスポーツ外交には年期が入っている。一九七一年の三月、名古屋での第三一回世界卓球選手権に参加した中国チームのスローガンは「友好第一、試合第二」であった。反米主義も徹底し、無料提供されたコカコーラ（中国語で「可口可楽」）は帝国主義者の飲み物だとして選手たちは口をつけず、男子団体で優勝すると、女子の勝ちは日本にゆずることさえした。選手団の副団長には外務省の日本担当の王暁雲氏を入れ、周恩来総理（一八九八〜一九七六）とキッシンジャー米大統領補佐官との交渉結果に即応できる体制が組まれていた。私は当時、日本卓球協会の国際交流委員であったが、中国の通訳が私たちのところへ米国チーム招待の連絡に来たのを通りかかった共同通信記者が耳にし、それを世界中に打電したのが米中ピンポン外交の始まりである。

卓球の関係で筆者は故・周総理に七回も会う機会を得たが、周氏は名古屋大会の後の七月一一日にキ氏と北京の人民大会堂でニクソン訪中に合意した。この日、その二時間後に私たちもご機嫌の周氏に出会い、記念写真にサインをもらった。中国はこの年の一一月、北京でアジア・アフリカ卓球友好試合を、その二年後の八月にはアジア・アフリカ・ラテンアメリカ友好卓球招待試合へと、途上国を集めたスポーツ外交を展開した。今回の北京五輪開会式での米・ロ・日を含む、八〇か国以上の国家指導者の臨席はその集大成なのである。そのことが世界に中国の力を、国民には政府＝共産党への信頼イメージを売り込むことになったことは開会式の九五％以上という国内世帯別視聴率が証明している。

今回、瀋陽では共産党幹部で迎賓館（旧大和ホテル）などを管轄する半官半民の広報会社社長晨黎氏らとも面談したが、五輪期間中の中国メディアは国営新華社の配信ニュースを基本としており、どのメディアの報道内容も基本的には同じだと説明してくれた。ソウル市内の路線バスでは日本対韓国のＷＢＣ野球がラジオ実況され、勝利を聞いた乗客たちがいっせいに万歳したと韓国の知人からメールがきた。韓国でも五輪の勝敗が国民のうっぷんばらしの手段となっている。日本のメディアも日本選手の動向に類似の反応を示し、金メダル取得の速報に喫茶店のお客が歓声を上げていたから、私たちも五〇歩一〇〇歩である。

（二〇〇八年九月三日掲載）

4　国際情報と国際放送

ここ数年、ＣＣＴＶ（中国中央テレビ）の英語国際放送、チャンネル九の「Dialogue」（対話）からしばしば出演を要請される。このチャンネルは全番組が英語で、若者の外国語学習にも利用されているが主たる目的は中国の立場を軟らかく外国向けに発信することだ。私は北京や上海でこの番組に出たこともあるし、ときには東京のＮＨＫスタジオからの衛星中継もあるがたいていは顔写真を画面に入れ込んだ電話インタビューである。

二〇〇六年の元旦にはオバマ政権で駐日大使に内定したと最初伝えられた元国務次官補、ジョゼフ・ナイ氏（現・ハーバード大学教授）ともイラク問題で北京、ボストン、東京をつなぐ衛星生中継で意見交換した。私はこの時、ナイ氏のソフトパワー（相手を魅了する社会的価値観や考え方による外交力）が軍事力の裏打ちを前提としていることを知った。この番組から私に依頼が来るのは中国の対外動向への日本の反応が知りたいときである。たとえば、昨年（二〇〇七年）の一〇月と一二月中旬の出演時のテーマは米国発大不況で、日本がそれに巻き込まれた経緯を訊かれた。「日本の基本政策は米国との協調にあり、そのために政治・経済情報が歪み、自らの自立性の欠如に人びとが気付きにくい環境が背景にある」と自省を込めて発言した。

私には、日中はあら探しによる非難よりも未来志向の連帯の途を探るべきだという思想が根底にあるから、相手も私の意見には安心できるのであろう。しかし、いかなる時代のいかなる国家のメディアも、それが当該国家の主流放送の場合はとくに、直接か間接かは別にして、政府の政治的もしくは経済的影響下にあることは忘れないでおきたい。このことは日本のＮＨＫや民放はもちろん、米国による情報支配への対抗メディアとして賞賛されるアルジャジーラ衛星放送（在カタール）についても同じである。

現在の日本でアラビア語のアルジャジーラに直接アクセスし、学術論文を書けるのはレバノン生まれの重信メイ氏だけだが、氏によれば、同局のニュース、時事解説番組で、激越な対米批判はあっても、経営を支えるカタール王室への批判的言辞は巧妙に封じられているという（『同志社メディア・コミュニケーション研究』第一号）。この局は一九九六年にＢＢＣがアラビア語放送開始のために集めたスタッフをそっくり譲り受けてスタートしたからＣＭ作りや放送テキスト（映像や言語構成素材）の質も高い。とりわけ、九・一一事件（二〇〇一年）後にはオサマ・ビンラーディン氏のインタビュー映像を放送し、一躍有名になったが、重信氏によれば、この局が中東にもたらす影響は反米思想よりも、イスラム指導者を通さない議論の仕方という中東社会の構造的西洋化だという。

南米にはこのアルジャジーラをお手本に米国発CNNへの対抗としてベネズエラのチャベス大統領の主導で、アルゼンチンやキューバなどの資金協力を得て設立されたテレスール（「南のテレビ」の意）がある。それに対抗し、米国議会が新たなベネズエラ向け放送を開始した。国際放送の世界にもパワーの激しいぶつかり合いがあるのだ。もちろん、国際放送には多様なレベルがあり、先の紅白歌合戦でのアイルランド人歌手エンヤの現地からの出演も国際放送である。日本の放送法では「国際放送」を「外国において受信されることを目的とする放送」（第二条の二）であると定義し、NHKはそれを根拠にして、テレビやラジオ、インターネットで海外向けの発信をしているが、内容は今ひとつである。

今、世界の国際放送ではイスラエルによるパレスチナ・ガザ地区の爆撃が主なニュース項目だが、CNNにはよく駐米イスラエル大使が出演し、事件の自己正当化をしている。BBCは「イスラエルの取材規制が厳しく、十分な情報や映像が入手できない」と言いながら伝える。日本の放送の場合は、この問題にさく時間は長いとはいえない。現在の日本の不況が米国主導の不良債権の証券化と米国政府の戦費を含む実力以上の消費に起因するという事実があるとき、日本のメディアには国民益のためにもう少し深く切り込む見識と度胸が必要だろう。

付記：この一三日付け朝日新聞の『週刊朝日』広告に「新聞が書かない〈年越し派遣村〉の真実」とある。出版社系週刊誌にはこういう表現がよくあるが、朝日新聞広告の中にある自社出版物についてのこうした表現は新聞購買意欲を失わせる。

（二〇〇九年一月二〇日掲載）

5　市民社会の通信・放送監理制度とは

二〇〇九年秋の衆院選では民主党が大勝し、ニュースの主役は新しい内閣に移った。メディア関係では、国立メディア芸術総合センター（別名「アニメの殿堂」）の廃止方向と、放送改革のための「通信・放送委員会」の二〇一一年からの設置案が脚光をあびている。現行制度には総務相と総務官僚による恣意的解釈による問題が多い。さらには放送事業者側の不祥事の多さも不適切な取材や虚偽報道に関するＢＰＯ（放送倫理・番組向上機構）の裁定などからも明らかである。

原口一博総務相（当時）が南米ペルーのリマで行った記者会見や内藤正光副大臣による講

演と会見が大きく報道され、今後二年間かけてＦＣＣ（米連邦通信委員会）を参考に実施案を練るというが、その実態とは何か？

メディアの質が社会の質に関係し、民主主義を支えるというのはメディア学・社会学の常識で、筆者自身もそうした見解を明らかにしている（『メディア・トリックの社会学』等）。また、筆者は一九九四年一月一八日の「参議院政治改革に関する特別委員会」の公述人としても次のように述べている。「政治改革関連法案の精神の中に、マスメディアを重視する、そのマスメディアというものを国家から独立させた、なおかつ民主的な形で税金で補助するような、かつての電波監理委員会設置法（一九五〇年制定）のような形で実現することを提言させていただきたい」（会議録より）。筆者はその後もこの件で国会議員たちの勉強会で話したりしたが、そうした発言がその一助となって、九七年末に自民党時代の行政改革会議（座長は橋本龍太郎首相）が出した最終報告書は二二省庁を一府一二省庁に再編・統合することなどを柱とし、そこに郵政省（現・総務相）の通信放送行政の担当部局を「通信放送委員会」として、公正取引委員会などのような独立行政委員会とする案が記された。

この構想はソフト面の監理業務を国家行政組織上、①通信・放送を国家の直接支配からできるだけ離すことが望ましいこと、②市民参加の可能性をもつ通信放送監理制度という考え方を一部取り込んでいること、③情報の脱国境化・通信と放送の融合などの現状に対応しようとしており、現状改革の第一歩として評価できるものであった。しかし、与党（当時は自民党）部局での審議過程において、①事業免許の監理などソフト面は当時の郵政省テレコム三局（通信政策局・電気通信局・放送行政局）を二局に再編した総務省の内局が担当、②産業振興や技術開発などのハード面は当時の通産省機械情報産業局が経済産業省の内局としてそのまま担当することにされてしまった。新設の総務省はそれまでの総務庁・自治省・郵政省の合併で、内局は大臣の直接の指揮下におかれた。つまり、日本の放送行政はその五〇年前に米国主導の民主化のなかで、軍国政府に奉仕したNHKだけの体制を変革しようとして一九五〇年に制定した電波三法（電波法・放送法・電波監理委員会設置法）のうち、権限の縮小を嫌う官僚たちが政治家に甘言を弄し、日本版FCCに近い設置法だけを廃止してしまった。だから今回の民主党案はネーミングも力学も同党の創案ではない。それでも筆者は今度こそはといくらかの期待を寄せる。

放送の自律には以下の諸点が肝要である。第一は、改革の根本となるべき「〝民〟主のメディア哲学」を貫き、字義通りの「独立行政委員会」にすることができるか。第二は、言論の自由はメディア企業の自由ではなく、自由で責任あるメディアと公共的情報の自由な流通のことであることをどこまで関係者が認識できるか（『自由で責任あるメディア』論創社刊、を参照）。第三は、グローバルなクロスメディアの時代に今度の改革を他メディアにどこまで繋げられるか。早い話、放送基準には「射幸心を起こさせてはならない」という記述が何ケ所かあるため、これまでパチンコのCMは出せなかった。なのに最近ではパチンコの「機械メーカー」のCMであれば問題なしという詭弁を使い、それに対し総務省も民放連もだんまりである。肝心のFCCにしても欧米で米国メディアの信頼度がいちばん低いことをどう考えるかなど、これからの議論に私たちが心しておくべきことは少なくない。

(二〇〇九年九月二七日掲載、原題は「情報の公益性は〈通信・放送委員会〉で保障できるのか」)

6　歴史観を動かすジャーナリスト

二〇世紀最高のジャーナリストは誰かと問われると困るが二人であれば順不同で、ウォルター・リップマン(一八八九~一九七四)とデイヴィッド・ハルバースタム(一九三四~二〇〇七、本書特別収録編を参照)を挙げたい。いずれもユダヤ系の米国人だが、前者はメディア社会学の古典『世論』(一九二二年刊、和訳は岩波文庫)を残し、その評論活動は死ぬ直前まで世界中の政治指導者と多くの知識人から頼りにされた。よりよい暮らしの保障には「公共心」のあるすぐれた指導者が必要であることを説いたからである。

ハルバースタムは最初、米国南部ミシシッピーの小さな新聞社に職を得て、人種差別撤廃運動の論陣を張ってニューヨーク・タイムズ社に招かれ、インドシナ戦争では同社サイゴン(現在のホーチミン市)特派員に抜擢された。その際にまとめた『ベトナムの泥沼から』(六五年、和訳はみすず書房刊)は米報道界最高の栄誉とされるピュリッツア賞作品となった。だが、当時のケネディ政権が推し進めたベトナム戦争への介入が米国人にもベトナム人にもプラスとなっていないという彼の報道姿勢は米政府をいらだたせた。ハルバースタムは後に「大統領からの昼食の機会は逃したが代わりにピュリッツア賞を得た」との名言を残した。

リップマンについては米エール大学の特別センターで入手した資料を読んでいるだけで個人的な接触はなかったが、デイヴィッド(あえてこう呼ぶ)とは一九九一年末に私が企画に関係した大阪での講演会、二〇〇三年秋の米ハーバード大学ジャーナリズムセミナーで語り合った仲である。デイヴィッドがサンフランシスコでの取材中の〇七年四月二三日に交通事故死した際には時事通信社に求められて追悼文(本書特別収録を参照)も書いた。その彼が死の直前までゲラチェックをしていた遺作『ザ・コールデスト・ウインター 朝鮮戦争』(原著は〇七年、和訳は文藝春秋)が先月(二〇〇九年一〇月)発売された。

一読してこれぞジャーナリストが現代史に対してなし得る最高傑作だとおもわず唸った。凄さの第一は、GHQ(連合軍総司令部)の帝王、ダグラス・マッカーサー最高司令官(一八八〇~一九六四、以下、マ将軍)の行状をアジア太平洋地域史の中に着実に位置づけ、批判を許さない構成と緻密さで、マ将軍をめぐる神話を書き直した点である。

私自身、敗戦直後の子ども時代、米国からの援助脱脂粉乳を飲み、時には米兵からチョコレートをもらって喜んだ世代だが、後年米国がそのミルク代金を日本に支払わせたことを知った。今度の本は戦後の米国のアジア政策がマ将軍の個人的性向に大きく影響され、それが朝鮮戦争から対中関係、インドシナ戦争にまで及んでいることを暴き出した。強大な米政府で働く最高知能を持つ官僚と軍人たちが短期的利益と効率原理を組み合わせて壮大な誤りを犯した事実を描いて世評の高いデイヴィッドの『ベスト&ブライテスト』（一九七二年刊、和訳は朝日文庫）とは違う仕方で人びとの歴史観を変える作品となっている。

デイヴィッドは私との対話の中で、本を書くとき一冊平均五〇〇人を超える人にインタビューして得た生情報を信頼できる資料に埋め込む、その時の自分は記録者としてのジャーナリストではなく、人びとの視点で社会を見通す歴史の語り部（ヒストリアン）だと自覚していると述べていた（月刊『世界』一九九二年二月号「地球村からレポートする　知りたがるものより、知るべきものを」本書特別編）。

人の歴史観の形成については複雑すぎて手に負えないが、要因だけであれば、①その人の青年期までの個人的体験、②その人の受けた教育と周囲から入ってくる情報、③その人が背景とする文化システムといったものが主なものだ。マ将軍の功績の一つは日本社会の安定の基礎となった農地解放であるが、米国植民地時代のフィリピンに君臨していたマ将軍の父アーサーがなし得なかったことを母ピンキーが厳命した「父超え」のためになしたとデイヴィッドは記す。だとすれば、超保守のマ将軍が信条とは反対のニューディール政策を日本改革として推進した理由がすんなり納得できる。

朝鮮戦争はスターリンの意向で始まったが今も南北が分断されたままという無駄な結果に終わった。デイヴィッドはその戦争について、ソ連の指令を受けた北朝鮮の金日成、中国の毛沢東、マ将軍のゲームであったと言い切っている。げに恐ろしきはこうしたライターであり、重箱の隅を楊枝でほじくるだけの学者・研究者にはとうていなし得ない仕事である。

（二〇〇九年一一月八日掲載、原題は「歴史観を動かすジャーナリスト」）

7　ジャーナリストの職務としての「幸せ」作り

世の中にはいろんな学問があり、その一つが「幸福学」で、生活の満足度調査などをしている。データの採り方にもよるが、現地国民へのアンケート等では北欧諸国民に並んで、アジアではブータン国民の幸せの自認度が高く、日本は世界で五〇位以下だという。誰しもが幸せな暮らしがしたいと願っているのだが、人びとが「幸せ」と感じるのは、経済的な指標の高さだけでは不十分で、日々の暮らしの安心と安全の保障が何より重要な要因だということを種々の研究が示唆している。

「幸福を招く……」を売りにした一部宗教団体の信者を別にすれば、人びとが「幸せ」を感じる仕方は個人や地域、考え方によって違う。共通項としては、心理的にも物理的にも安心して暮らせる社会条件が保障され、個人がそれを受けいれ、そうした方向での生活改革に向けて努力しているかどうか、また政府がそうした体制づくりを実践できているかにかかっている。近頃の日本の国政選挙ではどの政党もマニフェスト（manifesto、政権公約）のキーワードの一つに「安全」を掲げているが、それは逆に現在の日本社会には不安、危険、不安定感があるということを浮き彫りにしているわけだ。

同志社大学メディア・コミュニケーション研究センターでは筆者が代表となって文部科学省の科学研究費補助で「メディアによる社会情報環境の安全化の研究」を二〇〇八年にまとめ、以下の一〇項目の提言をした。
①インターネット・デジタル化社会におけるメディアは、それぞれ時代に応じた社会的責務を自覚し、実践せよ（メディアの責任論）。②メディアの提供する情報を相対化して理解しよう（視聴者の自覚論）。③グローバル化時代のメディア・リテラシーと価値観を構築しよう（社会教育論）。④偏狭ナショナリズムを脱した国際報道のあり方を確立しよう（グローバル化

社会論)。⑤暴力事件や凶悪犯罪のセンセーショナルな報道を再考しよう(犯罪報道改革論)。⑥健康番組、医学情報等の提供の仕方を再考しよう(情報番組改革論)。⑦地球社会の現在と未来の安全を脅かすものを正確に報道しよう(危険防止・安保確立論)。⑧権力と民衆間の情報面でのせめぎ合いを検証し、国民の利益を再考しよう(国民益検証論)。⑨公共放送のあり方を検証し、民衆本位の情報提供について考察しよう(公共放送再考論)。⑩日本に「言論・表現・情報の自由」を確立し、メディアの市民監理機構を設置しよう(メディアの質的保障論)。

さらに絞り込めば、今後の報道では三つのことを心がけることが肝要であろう。第一は、メディアはひったくりやバラバラ殺人、著名人の覚醒剤事件などを派手に報道し不安を無用に煽ることを控え、それらの再発防止に向けた報道姿勢に切り換えさせること。第二は、政治家たちに「友愛」や「雇用促進」といった甘いことばで語りかけることを止めさせ、予算措置を含む具体策を提示させること。第三は、毒物が混入されたギョーザ問題での中国への遠慮や日本政府の米核兵器持ち込み問題での虚偽、さらには北朝鮮の核や拉致の問題など、黒白が明白なことに毅然とした態度で報道すること。

ジャーナリストは事実の断片を透徹した目で構成し直し、真実に到達する努力をしているはずだ。真実は個人や家族といったプライベートな生活圏に関わるレベルから始めても、地球大に広がる社会の仕組みにおける原理、原則から始めても、結局はその両者が繋がることで初めて見えてくる。どんな問題もそれら細部と大状況の二つが相互に関連している。その両方向を繋ぐのがメディアの役目である。メディアは数あるニュースの中から、公共性を持つものをすくい取り、生活に忙しくて直接に見聞きできない読者のために社会一般の議論や判断の素材として詳しく報道し、専門家や学者に繋ぎ、最先端の分野や国際関係、政治家や経済人の倫理や責任を暮らし人の視点で噛み砕いて解説することが究極的には人びとの「幸せ」作りへの協力となるということだ。

六〇年も前に、メディア研究の古典『自由で責任あるメディア』（米国プレスの自由調査委員会著、一九四七年、和訳は論創社）が「日々の出来ごとの意味について、他の事象との関連のなかで理解できるように、事実に忠実で、総合的かつ理知的に説明すること」と記した。ジャーナリストも私たち学者も心しておかねばなるまい。

（二〇一〇年一月三日掲載、原題は「「幸福」実現寄与への三か条」）

8　文化的相互理解のむずかしさ

日本の春は桜ではじまる。新聞もテレビも開花宣言をニュースとし、その前線の移動をいずれも美しい桜花の下での酒と手料理による仲良しパーティーなどの写真つきで逐一伝え、日本中が明るくなる。

京都にはおよそ二〇〇〇の神社仏閣があり、その大半に桜が植えられ、この時季、参拝客も多くなる。その一つに一八九五年、桓武天皇の平安京遷都一一〇〇年記念事業として創建された平安神宮（左京区）がある。毎年の四月初旬、そこで地元新聞社主催の「紅しだれコンサート」が開かれ、私もそれが楽しみで、外国人留学生を連れていくことにしている。今年（二〇一〇年）も優雅な日本庭園に今を盛りと数百本の桜が咲き誇っていたが、それを見たルーマニアからの女子大学院生が「夏にはおいしいサクランボが獲れるのでしょうね」といった。その昔、ホンコンから来たばかりの歌手、アグネス・チャンが東京の公園でエサをつつくハトを見て、「あれ、おいしそう！」といったことをカワイイ女性が何ということを！　といった調子で週刊誌が報じていたが、これはまさにそれに通じる。

ハトについてはそれを食用にするエジプト人たちもそうだが、同じものを見ても習慣の違いが日本人との大きな文化的ギャップになるのだがハトやサクランボであれば、ああそうかですむ。しかし、政治／経済問題に繋がった国際相互理解の在り方という点からはこれは意外とむずかしい面を孕んでいる。四月一四日、「ロシア文化フェスティバルＩＮ ＪＡＰＡＮ」を機に来日したロシア連邦大統領府長官セルゲイ・ナルイシュキン氏（現ロシア連邦議会下院国家会議議長）が筆者の勤務先で「ロシア連邦、課題と展望」と題して講演をした。ナ長官はその冒頭、京都の文化的価値を世界の宝だと切り出し、現在のロシア社会の特徴を愛国主義・自由市場競争・多党制・社会的開放性だとし、西洋の個人主義に対してロシアと日本は集団性・隣人尊重主義での共通性がある、日ソ間の領土問題の解決にもアジア太平洋地域の安定上からも両国の相互交流の拡大による信頼感の醸成と相手文化への尊敬と理解ができれば、両国だけではなく国際的にも意義が大きいと結んだ。

秘密警察KGBに深く関与し、プーチン首相によるメドベージェフ大統領へのお目付役といわれる、ロシア政界何ナンバー3の実力者が建前上の政治的挨拶をしたのだと考えることもできる。しかも文化交流が人びとの外国理解を助けることに間違いはない。だが、国内的権力闘争と対外的国益史観に基づく利害がせめぎあう国際交渉がそんなきれい事で解消できるわけがないし、どこの国民もその程度の提案に唱和するはずがない。人間の行動と理解の背景にはかつてW・リップマンが指摘した「ステレオタイプ」という「集団的記憶」枠組としてのスクリーンがかけられているからだ（同氏著『世論』を参照）。

先の桜とサクランボについても、かつて「桜」という文字に惹かれて、チェーホフ作『桜の園』（演劇は一九〇四年初演）を岩波文庫で読んだ。小野理子氏訳冒頭のト書きに「すでに五月で桜が咲いている」とあり、「桜は満開」との台詞が続く。日本人ならここで花見を連想するのだろうが、読み進むと「お宅の桜の園は借金のために売られることに」、「（この桜の園では）サクランボは二年に一度しか生らないし、生った実もやり場がない……（昔の）サクランボは干したり、シロップ漬けにしたり……」との台詞でやっと、「園」が花ではなく、サクランボ用の果樹園であることがわかる。

日本では「桜の園」をタイトルにした本や歌が多いが、それらは満開の桜花についてで、女子高校や女子大の華やかさを連想させるシンボルとしても使われている。最近の産経新聞の投稿欄にも、イギリス人の友人が「自分が日本人らしくなったと思うときは、花見を楽しめるときだ」とある（大阪本社版二〇一〇年四月一六日付）。その意味では、チェーホフの和訳本も誤解を避けようとすれば、『サクランボ農園主の斜陽』とでも題するべきか。このことは逆に異文化が深層レベルで理解できるようになれば、相手国・国民への細やかな配慮ができるだけでなく、本音のトークが可能になるということでもある。

（二〇一〇年四月二五日掲載、原題は「日本人の〈桜〉は花だが、ロシア人にはサクランボ！」）

9　メディアの棲み分けとラジオの役割

日本の民間ラジオ放送は一九五一年にスタートし、その二年後には相互の切磋琢磨のために、優秀番組の顕彰をはじめた。今年（二〇一〇年）も日本民間放送連盟（加盟二〇一社）賞の審査が七月から始まった。筆者は、ラジオ部門近畿地区報道部門の審査をしたが、いずれの応募作品も日常性と軽便性という媒体特性を生かし、ラジオが日常生活だけではなく、いざというときの聴取者の命と財産を守れる媒体だということを実感させるでき映えであった。

ところが、ネットによる広告取り扱い量がラジオのそれを追い抜くという業界の大事件が起きたのが二〇〇三年。それ以後のメディア産業論には「生き残りをかけた……」という接頭語が常套表現となった。「激烈！メディア覇権戦争」と題した最近の雑誌特集では、「新聞・テレビ・出版×アップル・グーグル・アマゾン」（『週刊東洋経済』七月三日号）とあり、ラジオはもはやその闘争劇のプレーヤーでさえない。さらに、一九九〇年代前半から若者の活字離れが進行し、ついに昨二〇〇九年度には新聞も広告収入でネットの後塵を拝することになったが、英国などではすでにテレビもネットに抜かれている。だが、過去一〇年を見るかぎり、広告費の総量は、景気による増減はあるものの、年間六兆円ほどで推移し、あまり変わっていない。産業／経営論と情報論はともに大事だが、レベルの違う問題なのだ。筆者が気になるのは、日本のメディア論が業態間の盛衰ばかりに注目し、情報利用者であるオーディエンス（市民・読者・視聴者）がアクセスできるコンテンツ（番組や記事の内容・構成およびそれらの表現手法）論があまりないことである。加えて、ラジオ企業の倒産も起きはじめている。とはいえ、大災害が起きた場合のその効用が絶大であることは専門家の間では常識である。平常時でも、ラジオが職人の仕事場、長距離運転者や受験生のアクセスなどで、地味ながらもその果たしている役割は大きい。

日本の放送は電波法によって総務大臣から事業免許を受け、放送法で「教養・教育・報道・娯楽」のバランスという内容規制（同法三条の二の二）を受けている。だが、ラジオはすでに省令により、この番組区分の制約から解放されている。そのため、音楽専門局などが可能になり、それはそれで多くの愛好者を作り出している。時間にあまり拘束されない深夜のゆったりとした語り口に、多くの眠れない入院患者たちが救われているし、遠く地球の裏側の視聴者からの便りが読まれ、異国の生活に想いをはせることもできる。いずれも、ラジオが熾烈な競争社会からいくらか離れているからこそ可能になっていることである。

日本のNHKラジオは英米でラジオ放送が実用化したそのわずか二年後の一九二五年にスタートした。その背景には一九二三年九月一日、死者が一〇万人にも達した関東大震災時の救援活動に無線通信が役立ったことがある。加えて、治安維持法の成立とラジオのスタートが同年であることの意味も、国家とメディアとの関係で吟味しておかねばならない課題である。一九二五年三月二二日の放送開始日に、後藤新平総裁は『無線放送に対する予が抱負』と題する記念番組で、放送の四機能として、①文化の機会均等、②家庭生活の革新、③教育の社会化、④経済機能の敏活化の四つを挙げた。ラジオはその後のテレビとインターネット、携帯端末の進化などで、相対的にその役割を小さくしたとはいえ、後藤の挙げた機能に災害対応をつけ加える必要があるほど軽視してはいけないメディアである。

メディアの必要度は特定の社会状況と民衆からの利用欲求によって変わる。秘密警察のきびしい情報統制下にあった東西冷戦下のソ連では地下新聞が活躍し、同じく圧政を強いられたパーレビ皇帝時代のイラン国民がひそかに回覧していたのがカセットテープであった。私たちは時代状況に応じて、メディアの特性と機能、それらの可能性を最大限に引き出し、そのベストミックスを追求することによってのみ、快適で安全な情報化社会を担保することができるのである。

（二〇一〇年七月一八日掲載、原題は「軽視できないラジオの大切な役割」）

10　英語の公用語化と日本のグローバル化

三月一一日（二〇一一年）以後、日本だけではなく、世界のメディアが東日本大震災の地震と津波、原発事故の話題で持ちきりだ。とくに後者は「反面教師」として世界各国のエネルギー政策を再考させ、すでにドイツでは反原発提唱政党が国政選挙で大躍進した。同時に、今回の震災では七〇カ国以上からの救援の申し入れがあり、戦後の日本が実行してきた国際活動の成果が確認され、救われる思いだし、瞬時に情報が世界を駆け巡る時代を実感している。

経済面では自動車や列車、その他の精密工業部品工場の被災が国外での生産にも影響し、現在の世界が国境の垣根を低くした共同体であることを実感させた。その構図は当然、相互理解のための言語学習にも関係し、日本でもすでに外国語教育の在り方、とくに英語の「準」公用語化として表れてきている。街中の看板や雑誌、インターネットには幼児からの英語学習広告があふれ、大学への進学率も高卒者の五七％もあるのに（二〇〇九年度）、日本人の英語能力が高まったという声はない。そうした中、昨年（二〇一〇年）、楽天とユニクロが英語を「社内公用語」にすることを発表し、実践し始めた。大学でもこれまでの学生の質問「英語はできた方がいいですか」が現在では「効果的な学習法は？」に変わってきた。

外国語の習得度は、①かけた時間と金②学習法③目的意識と熱意の方程式で決まる。「英語と就職、出世、お金」と題した特集雑誌が出て、書店に積まれる一方で、「英語だけが外国語ではない」、「日本語の学習こそ大事……」、「語学よりもコミュニケーション能力を……」といった意見が混在している。だが、外国語の「実用」とは読み書きが必要な人にはその能力、ガイドさんには話すこと、商社マンには数字を間違えないコミュニケーション力のことだから、ケースに合わせて学び、発音も相手に通じさえすればそれでかまわないのだ（拙著『ジャパリッシュのすすめ』一九八三年、『グローバル化と英語革命』二〇〇四年を参照）。筆者は英語での講演や外国メディアからのインタビューにも応じられるが、ＮＨＫのラジオやテレビ講座から始め学生時代にも留学はしていない。教養あるネイティブのようにはいかないが、コンプレックスはないし、「英語公用語化」論にも与しない。

歴史を振り返っても言語の学習は、①日常的必要性、②権力的強制、③経済的利便性の三つをポイントに動いてきたし、それらを止める方法もない。だが、路上で道案内を請われた場合と、菅直人首相がオバマ米大統領から原発事故への対処法を訊かれた場合では必要な語学能力が根本的に違う。前者では身振り手振りでも差し支えないが、一国の命運がかかる場合はそれでは困る。輸出入でも数量や値段を間違えたら損失が生じるが、楽天会長の社内訓辞の英語が多少へたでも問題はない。要するに、どのようなシチュエーションで外国語を使うかの見極めが大事で、間違いが致命的になりかねない場合にはプロの通訳を使う勇気が必要なのだ（鳥飼玖美子『歴史をかえた誤訳』等を参照）。言語学習の強制は好ましくない。しかし、日本には植民地時代の朝鮮半島での日本語教育、明治新政府による琉球王朝解体に伴う日本語使用の準強制（大城立裕『小説　琉球処分』を参照）の実例が示すように、効率的習得だけを考えれば、社会的に有利な言語に向かう力学には逆らえない。「英語帝国主義」への批判論は議論としての傾聴価値しかないということだ。

聞き取り能力は若いほどつけやすいから、二〇一一年度から文部科学省が小学校の五、六年に必修とした週一時間、年間で三五時間、そこへときどき外国人アシスタント（ＡＬＴ）をつける方式はやらないよりはまし。京都市では一〇年以上前から「英語フロンティアキッズ」計画で、ＡＬＴを中学校区ごとに配置し、ゲームや歌を利用した学習も工夫されている。しかしそうした日本の「英語」教育（正しくは英語ではなく、外国語）では英語に親しむというレベルを超えられない。同時に、日本は準強制的な英語学習を制度化しているシンガポールのような小さなビジネス国家と違うから、日本には日本の社会規模を支えられるだけのグローバル化モデルの構築がないと努力が徒労となり、あまり経済効果のないマンガとアニメ、カワイイ文化の健闘だけに誤った期待をかけることになる。（二〇一一年四月一三日掲載）

11　風評「加害」の社会構造

三月二四日（二〇一一年）、佐藤雄平福島県知事は地震、津波、原発の「三重苦」に加え、県民は風評被害を受けているとして、菅直人首相に県産の農水産物や加工食品、工業製品への根拠なき被害拡大の防止を文書で要望した。総務省も四月六日、「東日本大震災に係るインターネット上の流言飛語への適切な対応に関する電気通信事業者関係団体に対する要請」をおこない、首相の諮問機関である復興構想会議でも話題とされた。

国の安全基準をクリアした葉物野菜や魚介物も、福島産のイメージだけで仲買価格が震災以前の半値近くになり、アジアや中東諸国でも日本産品輸入規制の動きが出始め、東京の市場で売れないものが関西に回り、京都のレストランでもお客が魚の産地を話題にする。だが、誰しも「不安感」なく食べたいのは当然のことだ。三年前の中国製毒入りギョーザ事件のとき、日本人は基準をクリアした他の中国製食品まで敬遠した。ましてや、安全であるはずの原発が過酷事故を起こし放射能をまきちらしているのだから、いくらそこの農産物が「安全」だといっても「安心」できないのが消費者心理だ。加えて、余震が今も続き、原発事故の収束と最終的廃炉までには四〇年以上かかるうえに、被害者の心理的トラウマは一生消えない。風評は時と場所を選ばないから、情報伝播のコントロールは簡単ではないのだ。語法上、風評は「流言飛語」（流言蜚語）と同義で、そこに悪意がないかぎり、「無責任なうわさ、デマ」（広辞苑第六版）だと断罪しても意味がない。理論的にいっても、情報の①取材、②編集、③送出、④受容、⑤理解という過程には個人の心的態度や能力差、雑音などが入るから、「うわさ」的要素のない情報伝達などあり得ない。

広告関係者には常識だが、現代の宣伝術では素人のクチコミ的話題、ときにはライバル製品を蹴落とす「風評作り」が効果的だとされる。原発安全論は政府と電気業界とメディアがいっしょになって自治体の税収増加と人びとの安全・安心願望を利用して作られた。選挙マニフェストの「安全・安心社会の建設」もその同心円上にあり、その構造は外国でも同じ。放射性汚染水が突然海に放出されれば、近隣諸国民が不安がるのも無理はない。しかも、日本政府と外務省のカバーが後手に回り、風評「加害」の構造を形成している。

先述のネット接続業者を対象にした総務省要請にしても、やらないよりはましという程度だ。「人の口に戸は立てられない」といった表現は世界中にある。ネットではそうした状態がグローバルに展開している。だが、嘘やユーモアが日常の警句以上に流通しては社会的な損失だ。そのためには、まず、経済的詐欺行為等の明白な犯罪には断固として対応する体制作りが必要だ。たとえば、証券取引法違反罪（偽計・風説の流布、有価証券取引報告書の虚偽記載等）等が罰則付きで法律化されているように。

大きくは、これまで外交と防衛は米国まかせの惰性でやってきた日本が根元部分まで踏み込んで社会運営を整理しなおす時機が到来したということでもある。今度の風評被害の元は原発事故である。当局への不信の背景には、東電による安全データ捏造を現場の東電職員が経産省の原子力安全・保安院に告発したとき、保安院が東電の摘発ではなく、その職員名を東電に告げ、当該職員が逆に人事で報復されたといった事実（二〇〇二年）などの不条理がいくつもある。そうした過去がある保安院などの関係者たちが「直ちに身体に影響はない」という。ネットではそれは「タバコを飲んでも直ちに影響は出ない」という類のごまかしだと揶揄しているが、誰がそれを批判できるのか。
税金を強制的に徴収する政府には国民の幸せを守る義務がある。今回の場合、起因責任を明らかにしながら、不当な扱いを受ける福島県産農業／漁業産品への利益補填をするのは当然だろう。しかし、長期的には、風評を抑え、安全産品の流通を保障することが重要だ。それには政府が率先して、人びとに信頼される情報提供体制を整え、人びとが不必要な心配をしなくても済むようにすることが大事だ。政治は市民の幸せを守るためにあるのだから、市民の側も日頃から信頼できる政治家と友人を選んでおくことだ。福島や福井になぜ原発が多いかといえば、政府の産業政策で原発受けいれ以外での関係自治体と住民の収入確保がむずかしくなったこともある。そうした社会の二重構造を二一世紀にふさわしい形に作り変えていかないと、国民全体で間違えて、国民全体で反省し、結局は国民の犠牲が繰り返される構造が何も変わらず繰り返される。

（二〇一一年四月二七日掲載）

12　タレントだけではない暴力団との接点

八月二三日夜（二〇一一年）、テレビの人気タレント島田紳助さんが所属事務所の吉本クリイティブエージェンシー＝吉本興業の子会社（以下、吉本興業）の手配で記者会見し、芸能界引退を表明した。暴力団関係者との「親密な」交際が指摘され、同業の後輩たちに「謹慎」程度では示しがつかないので……というのが理由であった。島田氏は現代の代表的タレントの一人だから、テレビは会見直後から速報で、新聞はスポーツ紙だけではなく一般紙もそのほとんどが一面で報じ、続いて週刊誌が派手な見出しで氏の暴力団との関係を取りあげた。多くの摘発報道にあるように、暴力団の多くが違法金融や覚醒剤取引、賭博や売春などに深く関与しているのだから、それらの団体／構成員との「不適切」な交際があれば批判されるのは当然だ。だが、今度の件を私たちはタレント一人の「引退」で幕引きしてよいのだろうか。

戦後の芸能史をひもとけばすぐわかるが、芸能行事には会場の確保や入場券等の販売があるから、業界と暴力団との間には相互扶助ともいってよい関係が続いてきた。当の吉本興業にしても、そうした関係があったことは業界の常識になっている（西岡研介『襲撃―中田カウスの一〇〇〇日戦争』朝日新聞出版）。島田氏と暴力団の関係にしても、番組内での氏の発言が右翼団体からの執拗な抗議を招き、暴力団（構成員）に仲裁してもらったことが発端とされる。調べると、一〇年ほど前、関西テレビ（以下、関テレ）制作のトーク番組「紳助の人間マンダラ」（放映は一九九一年四月から二〇〇二年三月）内で、右翼の街宣車が街中をゆっくりと走っていたため、氏が乗っていたタクシーが出演時間に遅れそうになったことにふれ、その街宣活動を辛辣な表現で揶揄したという。

誰でも自分だけで解決できない問題が起きるとまず、家族や知人に相談し、それでも駄目だと次に地方議員や弁護士、警察などに相談する。しかし、それとは別ルートとして暴力団／ヤクザに依頼することも現実社会ではままある。警察は具体的な被害が起きなければ動いてくれないし、その他でもなんらかの報酬を取られるから、外に出しにくく、やっかい問題では手っ取り早く暴力団が利用されるわけだ。かつて竹下登氏が首相（在職は一九八七〜八九）になる前、右翼団体から「ほめ殺し」（一九八七年）にあい、今度の島田氏と同じパターンで暴力団に依頼して解決して貰ったことは悪例として有名だ。いっぽう、右翼思想の好き嫌いは別にして、その街宣活動も「表現の自由」の範囲内であるかぎり尊重されるべきだ。その点では表現者である島田氏が街宣活動を迷惑だといってテレビ番組で批判したのは人気タレントの傲慢だろう。半面、右翼団体と放送内容でもめ事になった場合、個人では対応しきれない場合が多いから、今度の件でも放送責任とともに関テレの企業責任も問われる。

筆者は昨年まで一六年間、関テレの番組審議会委員をしていた。その期間のもめごとであることから調べてみたが、謝罪を含め、関テレは社として適切な対応をしていたようだ。にもかかわらず、その後、島田氏が暴力団とずぶずぶの関係になったとすれば、氏の性格にも原因があったことになる。島田氏は漫才師の出身で、軽妙なトークで単独の司会や企画番組にも手を広げてきたが、明石家さんま氏が恋愛などの個人間の話題、鶴瓶氏が家族的あたたかさを売りにしているのに対し、島田氏のそれは他の出演者をイジメぬいて嘲笑う傾向のもの。反面、目上の者には卑屈な姿勢をとる。しかもテレビでの笑い声はスタッフの「笑え！」の合図で増幅される演出が多い。そうした甘えの中で社会評論までするのだから恐れ入る。

今度の件でのメディアの対応としてもうひとつ気になることがある。それは警察が別件で得た「情報」をリークし、メディアもそれを受け入れて世論誘導に協力していくやり方である。大相撲の八百長問題も同様で、警察が別件で押収した個人メールを意図的にリークして発覚した。しかしそれでは、憲法二一条の保障する「表現の自由、検閲の禁止、通信の秘密」が侵され、間接的であるとはいえ、権力による言論統制の構図そのものだ。

（二〇一一年九月七日掲載、原題は「テレビタレントだけではない暴力団との接点」）

13　セーシェルが英国王子の新婚旅行先

黄金週間初日の四月二九日（二〇一一年）、震災で打ちひしがれた日本のメディアもテレビを中心にウィリアム英王子と民間出身キャサリン嬢の結婚式中継で盛り上がった。式が済めば、次の話題は当然新婚旅行である。英王室広報部は五月一〇日、王子夫妻がハネムーンに出かけたことを認めたが、プライバシーを楯に行き先を明かさなかった。だが、遠慮のない英国の娯楽メディアが人口八万人余り、インド洋の真珠といわれるセーシェル共和国（以下、セ国）を割り出すと、日本のメディアもそれを「又聞き」で報じた。ネパールのテレビや新聞にいたっては自国へ夫妻がやってきたという誤報までしたが、こうした誤報はほほえましい。

行き先が判明したときには、すでに二人は私有ジェット機でセ国マヘ島の国際空港に降り立ち、小数の随員とともにヘリコプターで一五分、真綿のように柔らかいノース島ハネムーンビーチのロッジに入っていた。セ国は国土の約五割を自然保護地区に指定し、ゾウガメや双子ヤシでも有名な世界屈指の「自然」リゾート。筆者は一九八一年に初めてここを訪れ、A・ルネ大統領（当時）と会見し、日本セイシェル協会を設立した。以来、九〇年の大阪花博にNTT情報労連近畿の協力によって出展したことや京都の陵が岡小学校生徒の友好訪問、各局のテレビ番組の製作などで同国政府／国民との信頼関係を築いてきた。また縁あって、一九八三年には松田聖子さんに「セイシェルの夕陽」というアルバムを出してもらった。まさにその歌詞通りに美しいノース島にも筆者は三回遊んだ経験があるが、二〇一〇年度外国人観光客一七・五万人のうち、日本からはわずか二九九人であった。しかしハネムーン効果で今後は間違いなく倍増する。

じつは、王子夫妻はすでに二年前、この国のデローシュ島に婚前滞在している。だが、同国のメディアは前回も今回も節度を守り二人が帰国するまで何も報じていない。メディアには報道の自由があり、社会はそれを保障すべきだが、逆にメディアは人びとの社会理解の深まる報道でそれに応えねばならない。今度の新婚旅行先の選択もそうだが、成婚イベント全体が王室のメディア対策班の演出したものであった。第一位の王位継承権者でありながら、不倫から再婚までのごたごたで評判のよくないチャールズ皇太子のもつ王族イメージの修正がまず企図された。今回、ダイアナ妃の形見の指輪を婚約用に使って母との絆の確認と質素な暮らしを演出し、式後のバルコニーでの熱烈なキスで世界を興奮させたのだから見事である。

英国連邦は七つの海に君臨した過去の栄光のなごりだが、その民への王室の威光と配慮を示すために、連邦の一つのセーシェルがハネムーン先に選ばれた。また、ダイアナ妃がエイズ撲滅や地雷除去活動に熱心だったから、ホンダの大型バイクを愛用し、環境保全にも関心を寄せる息子は母のイメージを壊さず、かつCO_2排出権ビジネスにも役立つということでのセ国選択もにくい。英王室は日本の皇室とは違い、活発なビジネス展開もしている。今は様変わりしたが、米国は長い間ここに衛星を電波誘導するレーダー施設を置き、旧ソ連（現ロシア）と中国はこの国に大使館を置いてそれを監視してきたが、そうした軍事的要衝に英国の関心を示すという政治的意味もある。加えて、国連総会でのこの国の一票の重みは米中ロなどの大国と平等なのに、日本の場合はケニア大使館の兼轄で、年に数回、大使館員が訪問するだけだ。私たちになじみ深い回転スシ用のキハダマグロはこの国の近辺が漁場になっているし、漁船事故でも助けて貰っている。中東地域からのシーレーンに近く、経済保安上の意味もある。セ国は憲法でクレオール語・英語・仏語を国語としているように、人種の混交が進み、治安もよい。要人警護がしやすいうえに、今回は離島リゾートだからさらに好都合。簡単には取材ができないメディアは王室の意図通りの報道をさせられることになった。

お隣りの中国でも、二九日の結婚式当日、ＣＣＴＶ（中国中央テレビ）が世界の君主制を比較するニュース特番を組み、筆者も電話でそれに参加した。日英とも大臣などの承認を内閣の助言で行う国事行為としている。違うのは英王室がメディアによって等身大にされてきたのに対して、日本の皇室報道には戦前から続くタブー性が大きく残っていることである。

（二〇一一年五月二五日掲載、原題は「英国王子の新婚旅行先が〝セーシェル〟に決まった理由」）

14　小国セーシェルの自己表現

人口わずか八万五千人の西インド洋の小国セーシェル共和国のＪ・ミッシェル大統領は今

年（二〇一一年）一月の年頭教書の冒頭で、「我が国の国土の四七％は自然環境保護地区であり、その率が世界最高であることは国家・国民の誇りであり、社会発展の要諦である」と高らかに宣言した。

資金不足で国土の大半が原生状態のままである地域は世界に少なくはないが、この国の一人あたり国民所得はアフリカ五四か国中、常にトップ水準にある。「人間の豊かさ」を表す国連の人間開発指数（ＨＤＩ）でも同様である。しかも、小学校から大学までの教育費、国民の医療費は無料だから、国内に「スラム街」はなく、人口の二倍ほどが訪れる外国からの観光客も安心して街中を歩ける。年輩者は若者の勤労意欲の低下やマリファナ中毒者がいることを嘆いているがそれはどこの社会でも多少はあることだ。筆者は今年八月と九月の二回、この国を訪れた。ＮＨＫがその自然保護指定率が「地球でイチバン！」だということで、同名の番組制作を企画し、ロケハン（撮影場所の選定準備）と本ロケ（実際の撮影）につき合ったためである。

私の最初のこの国への訪問は一九八一年で、その理由は三つ。第一は、国連でたとえ、米ソ（現ロシア）や中国がノーといっても、セーシェルがイエスといえば、総会では一国一票の原則だから、市民外交の政治コミュニケーションを勉強していた筆者はこの国との友好は日本社会にとって意味があると考えたこと。第二は、この国は人口に比してＥＥＺ（排他的経済水域）が大きく、インド洋マグロがその海域で「老衰」昇天する前に、少しだけ獲らせていただくといった食生活上の効用。第三は、当時のルネ大統領が人間は自然の一部であるという哲学を持ち、それを政策にして国家財政を健全化したいという考え方に共鳴したからである。かつて私たちの日本セイシェル協会の招待で来日したこの国の外務大臣が某世界的真珠養殖会社を訪れたとき、壁一面に描かれた世界地図にその輸出先印がないどころか、セーシェル国そのものが地図になく、「わが国の女性は御社の真珠を身につけているが……」と問い、担当重役をドギマギさせたことが思い出される。

セーシェルの国土は全一一五の島を合わせても日本の種子島程度。日本からの直行便もなく、二〇一〇年度は二九九人の日本人観光客だけであったが、今春挙式した英国王子夫妻が新婚旅行先にこの国を選んだことで、若いカップルの話題になってきている。国力では比較にならないが、どのような努力が環境保全と社会発展を同時に可能にしているかという点では私たちも学ぶことが多い。

日本との違いの第一は、政治の質で、英国から一九七六年に独立して以来、現在まで四人の大統領が指導してきたこと。第二は、漁業やコプラ産業はあるものの、主な外貨収入は観光に頼らざるを得ないことは自明で、それをディズニー型の巨大レジャー施設建設ではなく、真綿のような白浜とゾウガメや双子ヤシの世界遺産地区を含むありのままの自然を生かすことで保障し、メディアがそれを伝え、国民が是としてきたことである。たとえば、セーシェルは世界的な「環境保護」運動に呼応し、それに国を挙げてとり組んでおり、私たちのTV撮影中の九月一六日がその日であった。筆者も作業着でミッシェル大統領と会見したが、氏の「環境を守ることが世界の平和な暮らしの基本になるはずだ」との言葉が印象的で、実際、子どもたちは呼びかけの行進をし、テレビやラジオ、新聞もトップニュースでそれを報じ、政府職員も率先して清掃に汗を流していた。

この国には英国（BBC）や日本（NHK）のような政府関与の公共放送であるセーシェル放送（SBC）があり、テレビは午前六時から午後一〇時半まで、ラジオはFMで、二四時間体制である。しかしドラマなどの娯楽番組制作の余力が小さいから、国民の大半が英仏語を理解することもあり、ケーブル契約で欧米系番組を楽しんでいる。新聞は日刊（最大のNATIONは三千部発行）、週刊の計六紙で、滞在中にあったインド洋諸国スポーツ大会で自国選手が優勝すると一面トップとなるのは日本と同じ。しかしその後の国民議会議員選挙報道では政策検証が中心で、日本のような政局のゴタゴタやゴシップ的報道は見られなかった。

（二〇一一年九月二二日掲載、原題は「小国セーシェルの自己表現とメディアの立ち位置」）

15　メディアの中の三・一一震災一周年

東日本大震災から一年となった三月一一日（二〇一二年）前後各一週間の日本のテレビのヘッドラインと新聞の一面には、震災関係のものがずらっと並んだ。毎年八月一五日をはさんで戦争に関する記事や番組があふれることを「八月ジャーナリズム」と呼ぶが、戦争や震災をそのように取り上げ、減災と住みやすい社会建設のための「公共知」を増やすことにはそれ相応の意味がある。しかし、戦争で親を亡くした子どもには年の区切りがなんの慰めにもならないように、わずか三回だが今次の激甚被災地を訪れ、地元の方々と話し合った体験からいっても、そうしたメディア的アプローチには若干の違和感を覚える。

筆者はその一一日から四日間、台湾メディアの日本観を調べに台北にいた。技術の進歩で一週間五チャンネル分を丸ごと録画する機械が個人購入できる値段になったおかげでこの原稿が書けるのだが、東北の現地は目に見えるガレキこそ暫定移動されたとはいえ、今なお「災害一周年……」などという発想で、震災前の普通の日常生活への目途が立てられる段階ではない。「マイナスからの出発」が始まったばかりで、全国メディアが伝えるほど復興が進んでいるわけではないのだ。

メディア研究者の大石裕氏は、「現実」を理解するには、①社会の「現実」、②メディアの描く「現実」、③市民（オーディエンス）が頭の中に描く「現実」の三つをつきあわせ分析する必要があるという（『戦後日本のメディアと市民意識』ミネルヴァ書房刊）。その視点からいえば、それら三つの「現実」に学び、将来を見据えた諸施策の代行実施を有権者から委託されているはずの政治家たちの国会論戦は、「メディアの描く現実」のレベルでの人気取り競争ばかりではないのか。

もちろん、私たち市民の側もメディアから日々提示される「現実」から、想像力を働かせ自分が被災した場合の「現実」までの知的訓練をしておかないと大変なことになる。市民の側のそのような備えや作業の積み重ねのみが「情報リテラシー」を高め、緊急時に強い社会形成を底から支え、自己の安全保障も確かなものになる。

言うまでもなく、現代社会の安全と安心は、信頼できるメディアの存在なしには考えられない。そうしたメディアの大切さを知るための教科書になり得る番組がこの一周年期間に少なくとも三本放映された。そのうち二本がドキュドラマ（事実を基本にしたドラマで、三月四日のテレビ東京系列、六日の日本テレビ系列）、もう一本が人物に焦点を合わせたドキュメンタリー（TBS系列「情熱大陸」）で、いずれも自ら被災した二つの地元新聞社（河北新報社・石巻日日新聞社）とその記者たちの獅子奮迅のはたらきを映像化したものだ。先行出版された活字の原作を読めば、さらに多くのものが伝わってくるから、書籍とテレビの違いがよく分かる。（『河北新報のいちばん長い日　震災下の地元紙』文藝春秋、『6枚の壁新聞 石巻日日新聞・東日本大震災後7日間の記録』角川SSC新書）。

阪神淡路大震災の発生時、災害の場合の相互援助協定を結んでいた地元神戸新聞と京都新聞記者たちのジャーナリスト魂と友情は二年前にフジテレビが櫻井翔、吹石一恵の両氏を起用して感動的なドキュドラマとした。今次の諸作品も、避難所に翌日から届く新聞や玄関口に貼られた壁新聞がそのエンドユーザーである読者／被災者との間で、食糧と水と同じレベルの安心感のライフラインになっていたことをよく描いていた。

だがメディアには描ききれない事実も多い。その一つが津波についてよく言われた「黒い水が襲ってきた」という現象の背後にある真実である。筆者が現地の人たちから教えられたのは、人間がたくさん住んでいるところだけの海水が黒かったのは工場廃液など、人間の陸上活動の廃棄物が貯まってできた海底の汚泥が津波で巻き上げられ押し寄せたという自然からの仕返しが主原因だったという「現実」だ。

台湾は今回、最大の民間義援金を集めて送ってくれたが、一周年期間のメディア的話題は米国産牛肉と同様、養豚業者が赤身肉をたくさんとるためのホルモン薬を飼料に混入しているのではないかというものであった。その同じ紙面での三・一一震災記事では、日本人の真面目さへの称賛が原発事故での政府公式発表への懐疑とともに報じられていた。
（二〇一二年三月二一日掲載、原題は「三・一一ジャーナリズムへの違和感」）

第三章　メディアと政治

1　地名は誰のものか

先頃（二〇〇八年一月）、大手の教育系出版社である学習研究社（学研）が、子会社の製作した地球儀「スマートグローブ」に不適切な部分があったとしてその販売を中止し、購入者の返品希望に応じると発表した。値段が三万円と高価なのに、各国の情報を音声で案内することで人気が出ていたそうだが、問題となったのは、台湾が「台湾島」と表記され（これは政治的解釈の問題）、音声案内による通貨の説明も中華人民共和国のそれと同じ（これは事実の間違い）とされていたこと等によるものである。

なぜ、そんなことが起きたのか。もともとこの地球儀は香港で開発され、学研が権利を取得して生産を中国の工場に委託した。その結果、生産工場は政府の方針で台湾についてはそうした表現でないと「輸出」させてもらえず、学研もそれを受け入れ、輸入販売したからだという。

なんと学研は弱腰な……といった批判も出るだろうが、軍事だけではなく、国際政治や経済でも、残念ながら、正しいことよりも国益と力の論理が先行しやすい。だから私は今度の事件そのものにはびっくりしないが、驚いたのは日本の学習教材販売会社が「事実」と違う情報を含む教材を一般向けに販売してしまったことだ。一万個以上の事前予約があり、その部分の事情説明文を同封して頒布したということだが、事実よりも販売政策を優先した「エコノミックアニマル」ぶりがいただけない。

一九七一年春の名古屋の世界卓球選手権大会には文化大革命中の中国から六年ぶりの参加があり、米中・日中の国交回復を促す歴史的場となった。私は日本卓球協会の国際交流委員としてそれに関係し、右翼たちに脅迫されながら訪中した。当時の一般用パスポートにはVALID EXCEPT FOR MAIN LAND CHINA AND NORTH KOREA（大陸中国と北朝鮮以外に有効）と英語で書かれていたから、わざわざ外務省で「香港と中華人民共和国のみに有効」というパスポートを発給してもらい、香港に一泊して列車で中国に入り、広州から北京へ飛んだ。台湾はその頃、「中華民国」として大陸を含む全七億人（当時）の中国人を国連でも代表していた。

一九七六年にこれまた世界卓球選手権の準備で北朝鮮を訪問したときも、特別のパスポートを発給され、北京経由でピョンヤンに着くと、身分証明書を渡され帰国時までそれを使い、北朝鮮は日本のパスポートに入国査証を捺さなかった。「独立」国家の意地だが、その時訪れた非武装地帯板門店の国際会議場では「米傀儡の南側では人びとは食事もままならず苦しんでいる」と説明された。一九八六年に同じく五輪卓球の件で南から板門店を訪れたときには、「この北には自由がなく、人びとは飢餓と圧政に苦しんでいる」との説明で、ガイドは朝鮮半島を「韓半島」、北朝鮮を「北韓」と呼んだ。

同様の政治論理で、日本でいう竹島は南北朝鮮では「独島」だし、中国では、日本と領有権で対立している尖閣列島は「釣魚島」で、北京の迎賓館の名前もたまたま「釣魚台」。「日本海」の呼称では、日頃対立している韓国と北朝鮮が協力して、一九九一年以降の地名標準化会議や国際水路機関（ＩＨＯ）総会などで、「東海」（トンヘ）との併記案を主張している。かくいう日本も北方領土に関心がない昔、北の海には千もの島が並んでいるという意味で「千島」と一括りにして名づけたという乱暴さである。

心すべきは、地名でも何でも、そこに住み、その環境で暮らしているものの利便性のために存在し、後で登場してきた国家というものがエゴと利権で対立しているにすぎないということだ。今度の地球儀の例がまさにそうで、学研が真実の前に謙虚であり、かつ無難にすまそうとすれば、日本政府ならびに中国、そして台湾政府も承認している五輪方式にならい、「台湾島」ではなくて、「台湾」もしくは「中国・台北」とするといった、辛亥革命の主導者孫文（一八六六〜一九二五）の五族共和的智慧があればよかった。最悪なのは、学問的にも政治的にも受け入れられない説明と呼称を予約販売の期限順守などというどうにでもなることで犠牲にした感覚である。（二〇〇八年一月二九日掲載、原題は「地名は政治に左右されるのか」）

2 「放射能汚染」と風評「加害」

このところ（二〇〇八年初頭）、新聞やテレビが中国「天洋食品」製冷凍ギョーザへの毒物混入事件を報道しない日がない。総合週刊誌も毎号、特集を組んでいる。ところが、新聞とテレビと週刊誌では報道の仕方が大きく異なり、新聞では「メタミドホスとジクロルボスという二種類の有機リン系成分を別々に検出」（二月七日付各紙）、「ギョーザ事件、農薬、昨春製造分にも」（一〇日付各紙）などと、判明した事実を報じている。テレビも一般ニュースは新聞に近いが、情報バラエティ系になると「中国ギョーザはテロ?」、「推理、〈闇組織〉ギョーザ犯」などとなり、週刊誌では「日中戦争に発展した毒入り餃子シンドローム」とか「危険な中国食品から身を守る七つの鉄則」などとなる。

人びとは自分の直接体験か、見聞きした情報以外はメディアに頼るしかないから、そうした報道の仕方が問題の理解に大きく影響する。メディアの大切な使命は第一に、正確な情報の提供によって国民の判断を助け、第二に、災害の場合に財産と生命を守ることである。この二つに比べるとスポーツ中継やお笑いなどは娯楽だから他のことで代替可能である。その点で、今度のギョーザ問題はそれを食べて現実に数百名が身体に変調をきたし、入院したひともいるから、具体的な生産工場名や被害内容、今後の加害の可能性を含め、メディアが詳しく報道すべきは当然のことである。

だが、報道の結果、冷凍ギョーザ一般に影響が出て、関係のない零細輸入業者が倒産の危機に追い込まれている。報道やうわさで、問題が発生していない事業者・関係者に被害・影響がおよぶことを「風評被害」といい、一九九九年のテレビ朝日による所沢産野菜のダイオキシン汚染報道が有名だ。しかし、今回の報道にも日中関係の悪化を意図したとしか思えない、人びとの不安を煽るだけで、言論の自由の観点からもどうかと思われるものがある。

一年前の「発掘!あるある大事典」の納豆問題では科学的に正しくないことが営業利益優先からやみくもに番組化されたが、健康被害が出たわけではない。だが、今度の件は生命の安全に直接かかわっているうえに、安いものが国境を越えて高く売れるところへ流れる経済論理が背景にあるから、容易なことでは防げない。私が生まれた中部地方のある地域では、以前、刺身の飾りとしてつける野菜にガソリン噴霧をして虫の駆除をしていた。大学のゼミ生たちはいろんなレストランでアルバイトをしているが、残りものをお客に出したり、酒を薄くして出す居酒屋があるという。前日のパーティで余ったサラダなどを翌日出すホテルなんてざらだ。また食品輸入業界にいる卒業生は安いものに安全なものなど期待して貰っては困る、政府の安全基準も「安全」とはかぎらないと恐ろしいことをいう。

一九五五年に一三〇名以上の死亡者と一万人以上に後遺障害者を出した森永ヒ素ミルク事件では、製造過程で用いた添加物にヒ素が含まれていたことが原因とされる。が、長い間、森永は自らの非を認めなかったし、企業から金を貰ってそれに協力した医学者もいた。水俣病、スモン、それにミドリ十字（当時）の非加熱製剤によるＨＩＶ事件でも構造は同じで、メディアも当初は有力広告主に遠慮した報道をしていた。

こうしたことを根本的に改編するにはどうしたらいいか。放送関連の不祥事には監督官庁の総務省が出てくるが、その処理はときの政権与党のつごうに左右される傾向がある。食の安全についても、国は適切なチャンネルによる情報提供のシステムを用意していない。日本国内で当該工場製ギョーザを給食に使用していた学校は五〇〇以上にのぼるらしいが、今のところ、学校での被害は報告されていない。国とメディアが協力して、国民の食の安全を確保できる確かな情報提供体制を整備する以外に不安感を払拭する方法はない。

（二〇〇八年二月一二日掲載、原題は「食の安全　情報体制確立急げ」）

3　権力者の奢りと情報操作

演出や情報操作は自分を良く見せる技術であり、個人でも団体でもある程度はどこでも誰でもやっていることだ。だが健全な社会運営のために越えてはいけない暗黙のルールがあるし、人間としての倫理基準も大切だ。だが、社会が肥大化している今日、主権者である国民が権力者たちによる逸脱行為を見抜くにはメディアによる正しい情報の積極的提供が必要だ。そうすることで民力としての情報リテラシー（情報を正しく理解し活用する能力）を高めることができる（参照：拙著『テレビ「やらせ」と「情報操作」』三省堂）。

その点、二月一九日（二〇〇八年）未明に起きたイージス艦「あたご」と漁船「清徳丸」の衝突事故をめぐる防衛省・海上自衛隊（以下、海自）の発表、与野党の国会でのやり取りは見苦しいばかりか、国民の安全と情報管理の問題としてお寒いかぎり。事故そのものはあたごが平時における航行規則を守っていなかったことが直接の原因であることは今や明らかだ。つまり、国民の生命と財産を守るために設置された自衛隊がその反対の怠業による事故を起こしたのだから形だけの総理や大臣の謝罪で再発が防げるはずはない。

三月五日午後には、明石海峡で三隻の多重衝突事故があり、一隻が沈没、こちらでも死者が出た。この事故原因は交通量の多い海域を自動操舵航行し、視認を怠っていたミスだったと早々と結論が出た。イージス艦事故の場合、防衛省制服組の独走があり、艦がレーダーによる軍事情報の収集を専門にしていること、ハワイ沖での日米共同ミサイル発射演習の帰途、つまり非戦闘の日常行動中の操船違反として起きたことから、その罪はより大きい。用務移動時のパトカーや救急車には特権が認められるがそれは戦時の陸自車両や海自艦艇でも同じだ。しかし日常の一般移動では彼らにも一般国民と同じルールの順守義務がある。一部週刊誌が漁船を海の「暴走族」扱いしたのも無茶な話である。

海難・航空機・陸上を問わず、事故には直接の当事者がいくら注意しても人間の認識能力と現在の科学技術では防げないものがある。それを通常「不可抗力」というが、国家や軍隊がからむ事件・事故では義務怠業がしばしばそう弁解され、それで押し通されてきた。今回も漁船には赤灯がなく青灯だけであったとか、あたごが漁船を発見したのは二分前だと当初の発表があり、その後は「見落としていた」とか、発見は一二分前であったとかと訂正された。事情聴取も組織内の制服組の海幕によって始まったが、文民統制とは「制服組の独走を許さず」、「平和と安全を願う国民の意思の実施」であるという理解が政治家にも希薄であることが危うい。これはもちろん日本だけのことではない。二〇〇一年にハワイ沖で起きた米潜水艦による宇和島水産高校の練習船えひめ丸への衝突事故、その前の海自潜水艦「なだしお」による釣り船への衝突も数十名の犠牲者を出した。そしていずれもが軍側の注意義務違反であった。またかつてアンカレッジ（カナダ）からソウルに向かった大韓航空機がカムチャッカ沖でソ連の戦闘機に撃墜された事件（一九八三年九月）では民間機が軍事的標的にされた疑いが米軍と自衛隊が協力した無線通信傍受から明らかになった。

軍事に外交が絡んだものでは沖縄返還時の日米密約がある。米側の外交文書の公開で、当時の外務省高官らの偽証が明らかになった後でも、国会でウソを突き通した福田康夫官房長官（後に首相）にはあきれる。アメリカの日本への核の持ち込み（introduction）についても、ライシャワー元駐日大使や、沖縄返還問題を佐藤栄作元首相の代理としてニクソン大統領の代理人キッシンジャーと交渉した若泉敬氏の証言（『他策ナカリシヲ信ゼムト欲ス』文藝春秋）があるのに日米政府が協同してウソをついている。まずいことを糊塗して取り繕おうとしても、食の安全問題でウソをついた会社と同じで後々高くつく。そうした繰り返しで国民だましを続けるから、民主政治を支える国民の判断力が鈍り、民度と国力が落ち、長期的には日本の損になる。

（二〇〇八年三月一二日掲載、原題は「情報活用力を鈍らせる隠蔽」）

4　アルジャジーラ放送局の戦略と価値観

ネパール国立トリブヴァン大学での講演とＮＴＴ西日本関連労組が建設した「ネパール／日本子ども図書館」の支援強化の話し合いを終え、次の目的地カタールの首都ドーハへやってきた。中東のＣＮＮなどと呼ばれるアルジャジーラ衛星放送局（以下、ＡＪ）本部を訪ねる約束があったからである。

カタールといえば、代表的企業では中部電力が輸入先としている天然ガスや石油の産出国で、金満国家という印象が強い。サッカーファンには一九九三年に日本が対イラク戦終了間際に失点で予選敗退した「ドーハの悲劇」のほうが有名かもしれない。この人口一四〇万の小国へ向かうネパールの首都カトマンズ発の飛行機は、年に一度、里帰りし、また中東の建設現場へ戻るネパール人出稼ぎ労働者でほぼ満席であった。

だが、この小国が今世界の注目を集めているのは世界の金融センターやエネルギー確保面だけではない。大量破壊兵器があるという理由での先制攻撃（二〇〇三年）ということでイラクへ侵攻した米中央軍の本部が置かれた地政学的な重要性に加え、米国とも対等に渡り合える中東メディアの代表ＡＪの本部があるという事実から来ている。機動性に富み、西洋的な報道機関の自由の基準から見ても高い位置にあるし、世界的な影響力もある。一九九六年の開局当初はアラビア語だけであったが、二〇〇六年からは英語放送も開始した。

米国でもっとも有名なイスラム教徒は〇一年の米中枢同時テロ（九・一一事件）の首謀者、オサマ・ビンラーディンだが、事件の犯行声明をふくめ、彼とのインタビューの多くはこのＡＪから発信されてきた。だが、実際のＡＪはセンセーショナルな政治的題材だけではなく、本格的な報道番組からスポーツ番組、子ども向け教育番組まで二〇以上のチャネルをもつ世界屈指の放送局である。

現在の日本で、アラビア語に堪能で、ＡＪについての研究論文を書ける日本人は生まれてから二八年間アラブで暮らしたジャーナリスト重信メイ氏だけだが、氏によれば、ＡＪのタブーは出資者のカタール王室への批判だけで、取材費用は湯水のように使える。そのため毎年出る赤字は王室によって補填され、逆にそれが王室批判の抑制装置ともなっているという。筆者も海外に出ると、ホテルではこのＡＪの他に、米国のＣＮＮや、ＢＢＣ（英国放送協会）、それに日本のＮＨＫワールドを見比べる。今のＣＮＮは広告も多く、ニュースの娯楽化が進行しているが、ＡＪは放送の技術でもＢＢＣに匹敵し、内容でも米国への迎合がない。

重信氏の番組分析でもイスラエル関係者の出演回数も多く、客観性への配慮がある。一方のＮＨＫは時事問題映像の多くが海外から購入したもので、独自の主張が少ない。ジャーナリズム性が希薄で、茶道や華道などの文化紹介が多い。ネパールのシンポジウムでもいまだに「おしん」について褒められて返事に窮した。

ＡＪを訪問した時に驚いたのは、入り口の警備の厳しさだった。事前に写真入りのパスポートのコピーを送っていたが、徹底的に調べられた。筆者はこれまで、米ＣＢＳやＣＣＴＶ（中国中央テレビ）などでの出演経験もあるが、それらの警備は形式的なものであった。対イラク開戦時には敵対者米軍からの爆撃さえうわさされた局だから仕方がないのだろう。守衛室からコントロールルーム（調整室）まで五〇〇メートルほどもある。だが、いったん許可されると、放送中のスタジオでも、フラッシュの配慮さえすれば、写真もすべてＯＫであった。

案内してくれたメディア研究主任のエゼディン氏によれば、アラビア語報道の内容は七五％が中東関連、反対に英語報道ではそれが二五％程度になるという。感心したのは編成局の充実ぶりである。日本のテレビ局では、どういう番組を流したら営業利益となるかがまず議論され、昨今の広告不振では軒並み低コスト番組が並ぶことになる。ＡＪでは、方言が多いアラブ地域約二〇カ国での標準的アラビア語の普及、アラブ圏の「実情」と「意志」の世界への発信の仕方が徹底的に議論されていた。

そうした作業の背景には、ＡＪ倫理綱領にも記された「誠実・公正・独立・ジャーナリズム性を商業的利益の前に置く」という姿勢がある。米国の情報戦略に対抗するため、〇五年に南米のベネズエラで立ち上げられたテレスール衛星放送局は政治的「希望」だけが先行し、ＡＪほどの成功をおさめていない。昨今のトヨタ車バッシング問題でも感じたが、私たちはＡＪの成功から、国際情報秩序における日本と日本人の利益とグローバルな立ち位置を再考すべき時期にきている。

（二〇一〇年四月一〇日掲載）

5　公共放送と国営放送の違い

世の中には情報があふれ……という論調の文章がたくさんある。しかし実際にあふれているのはインターネットのブログ的な「妥当な根拠のない意見」やメールで送りつけられる「広告」的なものであり、私たちの社会参加に本当に役立つ「正確で、信頼できる」情報ではない。だから、今私たちに必要なのは公益性（社会性と公共性のプラス価値）のある情報を選び出す技術と判断力になってきている。

そうした能力とそうして得られる情報をインテリジェンスというが、それには専門的訓練が必要である。もちろん、そのような知的水準に達するのが理想であるとはいえ、情報も衣食住に関わることもその大半が地域コミュニティ以外で生産されている今日、現実にはそれはむずかしい。また、現実のメディアは外部からの多くの力による影響を受け、その提供する情報にもしばしば歪みが起きている。だから、私たちが身につけるべきはメディアの提供する情報を読み解き、社会参加に適切な利用のできる能力としての「メディア・リテラシー」だということになる。

「やらせ」や「捏造」、人権侵害などは論外だが、社会情報には立場によって「正しさ」の基準さえ異なる場合がある。筆者の考えでは世界のメディアとそれが作る情報環境には①自由市場型、②国家統制型、③宗教・文化優先型、④社会発展優先型の四つの類型があり、それぞれが自己の正当化をそのメディアの利用者（国民・読者・視聴者）に対して行っている。①は日本や欧米の資本主義国で、②は旧社会主義圏、現在の中国や北朝鮮、③はイスラム諸国で、④はアジア・アフリカ等の発展途上国で多く見られる。

ここでは日本が位置する自由市場型社会における公共的利益の観点から放送の在り方を考えるが、同じアジアでもタイなどでは途上国的特徴もある。たとえば、この三月（二〇〇八年）にバンコクで開催され、筆者も参加した「ＡＳＥＡＮ＋プラス三カ国（日中韓）メディアフォーラム」では首相府広報部の運営する放送局チャンネル一〇の参観や担当大臣との懇談もセットされていた。その時収録中の番組は、若者言葉の乱れを直す必要から、年配者が若い女性に正しいタイ語法を教えるというものであった。世界中どこでも同じ現象が起きているのだなと思わず微笑んだが、メディアの社会的役割を考えるとこの放送局から若者迎合姿勢が強くなりつつあるＮＨＫが学ぶべきところも多い。

どの分野においても先端者とその活動の中から新しい時代が創られることに間違いはない。しかし同時に、先端者のすべてが新しい時代を創るわけではない。ところが、日本の主流メディアの多くには広告主と視聴者へのおもねりが顕著だ。そのことはラジオ・テレビ欄の番組名に年配者が判断に苦しむタイトルが並んでいることからもわかる。タイの国営放送の場合、番組の四五％が教育・教養、二五％がニュース、一五％が政府公報、一五％がスポーツや娯楽ということであった。日本のＮＨＫ教育テレビに政府公報を加えたようなものだということである。

日本では二〇〇八年から改正放送法が施行され、これまでのＮＨＫラジオ・テレビの国際放送に対する政府（総務相）による「命令放送」が「要請放送」となった。ラジオの国際放送への要請に、「北朝鮮による日本人拉致問題に特に留意すること」という事項が含まれていたこともあり、日本新聞協会などが編集の自由の観点から遺憾の声明をだした。だが日本が国際社会に対し、日本の公的立場を発信していくことは言論・表現の自由と等しく重要なことでもある。「公共放送」を標榜するＮＨＫに政府が「国策放送」になれと希望するやり方が姑息なのだ。タイのようにはじめから堂々と「国営放送」を名乗れば、たとえ小さな規模でも、日本政府の意見が聴きたい人は外国人でも日本人でもそのチャンネルを選べばよいのだ。ＮＨＫが戦後六〇年で培ってきた信用を「要請放送」などという言葉で崩すよりも、日本国として必要な情報を内外に発信するようにすれば、物事ははっきりする。

（二〇〇八年四月九日掲載、原題は「国営放送と公共利益の確保」）

6 「メディア化」された米大統領就任式

情報と社会の関係にはさまざまな思惑から複雑な力学が作用しているが、その代表が政治・経済関係のニュースである。一月二〇日正午（二〇〇九年）からのオバマ米新大統領の就任演説（日本時間翌日早朝二時）はそれが最も大規模かつ非日常的な形、つまりお決まりの事件報道とはまったく異なる仕様でなされた。式次第のすべてが全米どころか、全世界に事前に周知され、実際の進行もその通りに行われ、知らされた全世界の多くの人びとが当日の生上演「テレビ劇場」の参加者となったのである。

このオバマ氏の就任式は、一過性で終わる殺人事件はもちろん、日本のテレビや新聞までが大きく報じていたこの式典数日前に起きたニューヨークのハドソン川にエンジントラブルで不時着した航空機事故など、いずれもすぐ忘れ去られるニュースとはまったく違う。氏は尊敬する奴隷解放の父リンカーン第一六代大統領がそうしたように、米国型政治の原型としての自由の鐘が今も展示され、独立宣言起草者の一人フランクリン（一七〇六～九〇）の活躍した古都フィラデルフィアから、列車で九時間もかけてワシントン入りした。もちろん、その一部始終が就任式の前奏曲としての役割を果たした。

現ペンシルベニア大学特任教授のエリフ・カッツらは、こうした「メディア化」＝メディア向け演出を「メディアイベント」と名付け、その詳細な分析をした（和訳版は『メディア・イベント　歴史をつくるメディア・セレモニー』青弓社刊）。このやり方は英国でいえば、エリザベス女王の戴冠式、日本でいえば、現天皇夫妻の結婚パレード、最近の例でいえば、昨（二〇〇八）年八月八日午後八時八分を期して開会した北京五輪等のすべてに共通している。こうした儀式は予告通り秩序正しく行われることによってはじめて成立し、人びとはそれに参加し、ともに安堵感を確認するという仕組みでデザインされている。

この新旧大統領交代のドサクサに開始されたイスラエルによるパレスチナ・ガザ地区への攻撃は「民主主義」国家の平和祭典期間中には御法度だということで、式典の数日前に停戦となったが、式後数日して再開された。またオバマ氏の売りが米国初の黒人大統領ということで、就任演説中でも「六〇年前には地方の食堂に入り食事することを許されなかったかもしれない父親を持つ男が今、最も神聖な大統領就任の宣誓をした」と、米国の政治制度を自ら讃えた。ドラマの技法でも、父や母のことに言及するのが観客を感動させる常套手段だが、この部分が全世界の有色人種をうるうるにさせた。逆に、冷徹な戦争行為の遂行時の大統領が家族のことに触れるのはまずいということで、二〇〇三年四月のイラクへの「予防的先制攻撃」（pre-emptive attack）実施前のブッシュ大統領の演説草稿から家族に関する用語が削除されたとボブ・ウッドワードが記している（『ブッシュの戦争』日本経済新聞社刊）。オバマ氏のこの部分は間違いなく、専門のスピーチライターが綿密な計算をして作り上げているのだが、怖いのは現実の政治とは関係なく、聴衆に感銘を与える言葉がその場その場で入れ換えられることである。そうしたスタッフは日本には居ないから、日本の政治家は可哀想かもしれないが……。

私のゼミでは米国の政治家が好む単語を演説集から拾ったことがある。ベストテンは、「民主主義」（democracy）、「神」（God）、「平和」（peace）、「愛」（love）、「フリーダム」（freedom,……のための自由）、「リバティ」（liberty、……からの自由）、「愛国心」（patriotism）、「繁栄」（prosperity）、「義務」（duty）、そして今回のオバマ演説のキーワード、新しい時代の「責任」（responsibility）である。それらを並べると感動的な演説ができてしまうから不思議である。

麻生太郎元総理は大相撲初場所千秋楽の一月二五日、優勝力士に「内閣総理大臣　朝青龍殿」と大臣の後の「賞」を読み忘れるという「ショー」もないミスをした後で、「数々の試練を乗り越えての優勝。やっぱり横綱は強くなくっちゃ」と話しかけ、失笑された。しかし、米日どちらの政治家にも問われるのは、国民の幸せへの実際的貢献の度合いであろう。

（二〇〇九年二月一日掲載、原題は「メディアイベントとしてのオバマ米大統領就任式」）

7 「国民益」に資する「世論」の形成

七月（二〇〇九年）に入ってからのテレビニュースのヘッドライン、新聞一面の見出しでは衆議院解散に関わる自民党内の権力闘争が〈大きな〉扱いである。こうした時機にはテレビ局や新聞社、通信社は世論調査をおこない、それらを基にさまざまな論評をする。おそらく今度のごたごたは同党への支持ポイントをさらに下げるだろうが、問題はそれが政策論争や施策実施の結果評価ではなく、単なる印象批評である点である。

六月二五日には民主党の鳩山由紀夫代表（当時）の個人献金虚偽報告が報道され、直後のメディアは「麻生内閣の支持率、一七％から二三％に回復、敵失効果」などとの見出しで、「支持率が一〇％割れ寸前で、青息吐息だった麻生内閣は突如、復活」などと解説した。小沢一郎前代表事務所の政治献金問題でも同様のことが起きた。反対に、日本郵政の人事問題に発した麻生首相による鳩山邦夫総務大臣（当時）の事実上の罷免（六月一二日）、またローマにおけるG7国際会議での中川昭一財務大臣の酔っぱらい記者会見（二月一二日）とその引責辞任直後でも内閣の支持率が急降下している。

それらは人びとの関心を引く、メディアが〈大きく〉扱う事件ではあるが、私たちの社会の在り方の根底や外交、防衛等に関わることでも一般日常生活の損得に関わる要素でもない。にもかかわらず、センセーショナルに報道され、人びとは「情動」のレベルでそれらを受け止め、次の新しい事件によってそれを忘れる。メディアと人びとが共同して事件を「消費」しているわけだが、政治家はそうした世論調査の結果に一喜一憂し、解散の時期さえ決定する。その程度の民意・世論で社会が動かされていくことに筆者は疑問をもたざるをえない。

社会心理学では、B・ヘネシーというフランスの学者が一九八五年に、世論を「公共的重要性のある争点をめぐって有意な数の人々によって表明される選好の複合体」(『心理学辞典』有斐閣)と定義したが、私にはこれも充分であるとは思えない。しかし先に挙げた酔っぱらい事例などのいずれにも目下の日本社会の政治案件としての緊急性や〈公共的重要性〉があるとはいえない。日本語の世論や衆論、衆議の英語は public opinion である。一八世紀末の米国の建国時、有力政治家で、後に第三代大統領(在任一八〇一〜〇九)になるトーマス・ジェファソンは一七八七年、「新聞のない政府と政府のない新聞のどちらを取るのかの決定を迫られれば、私は迷うことなく後者を選ぶ」と知人への書簡で述べた。その理由について、「新聞が民衆の意見を体現し、それによって社会が動けば、民衆はそうした知識に基づいて政府の言動をチェックする衆論を形成できるからだ」と記した。この背景には米国独立前後の英国政府が米国民からの徴税はするが彼らの政治的発言権を無視したという実情がある。

しかし彼もまた、大統領になってからは自分を批判する新聞をこきおろした（一八〇七年の書簡）が、本来、「世論」（衆論）とは、メディアが市民の知るべき情報を提供し、多様な意見を闘わせ、それらを主体的に〈国民益〉に収斂させていく過程で出てくるものなのである。

元・京セラ社長で現相談役の伊藤謙介氏がその著『心に吹く風』（文源庫刊）で、「技術力と資金力だけでは企業経営は長続きしない。企業は海上の氷山とおなじで、全体の八割の健全な経営哲学による下支えがないとだめだ」と述べている。今のようなレベルで世論調査の数字が一人歩きすれば、見える部分だけを装飾する党利党略が横行し、その支えになるべき「国民益」を志向する〈衆議〉の哲学が脆弱になる。その結果、国民も、「何事にも裏がある」などとシニシズム（冷笑主義）に陥り、本質を見失う。学界では「世間の雰囲気に流される〈世論〉ではなく、公的な意見〈輿論〉を自ら担う主体として自覚することが民主主義に不可欠だ」とし、〈輿〉という漢字の復活で社会改革をせよという言葉論（『輿論と世論』）も出ているが、大事なのは議論の立て方と提供情報の中身なのである。全体として早くそのことに気づかないと、グローバル化社会における日本の自立／自律はおぼつかない。

（二〇〇九年七月一九日掲載、原題は「〈国民益〉に資する〈世論〉形成」を）

8　ジャーナリストの抹殺は民主主義の敵

今春二月（二〇〇九年）、ロイター電は欧州安全保障協力機構（ＯＳＣＥ）の報道の自由に関する責任者の発言として、ロシアで続いているジャーナリストの殺害が直接の犯人の背後にいる政治的首謀者の処罰にいたらず、報道と人権が危機に瀕していると伝えた。いくつかの日本のメディアもそれを転載、解説したが、国家体制による表現者の抹殺はファシズム社会への道であり、断じて許されない。

ロシアの場合は政治・経済の利権対立やチェチェン独立問題がその主な原因だが、ジャーナリストの殺害それ自体はこの国に特有のものではない。一九八五年の結成以来、言論・報道の自由を守る国際活動を続けてきた「国境なき記者団」（本部パリ）によれば、二〇〇八年に報道活動に関連して殺害されたジャーナリストは世界中で六〇人、拘束者は六七三人、前年には殺害だけでも八六人あったという。理由なく行方不明になったり、闇から闇へ葬られた人を入れればおそらく実数はもっと多い。

さらにはこれらの数字には〇三年三月一九日から一か月間の米英連合軍によるイラクの首都バグダッドへの空爆時に一一人のジャーナリストが巻き添えで死んだ（在ニューヨーク、ジャーナリスト保護委員会報告書）ケースなどは入っていない。それはジャーナリストが自ら戦場へ入って起きた物理的なもので、権力による言論封殺との関連は小さいからである。「国境なき記者団」報告の場合は事実に基づいた報道を許さず政治的理由で抹殺の対象となったもので、一国家の政治・経済権益を超えた普遍的価値としての「真実」の社会的告知を職業的使命とするジャーナリスト／ジャーナリズムへの犯罪的挑戦であり、Ｊ・オーウェルの『１９８４年』的ファシズムへの道に続くものだ。

古今東西、表現者が権力者の意に反して社会的事実をとことん追求すれば、ときには命を奪われることがあるのは残念ながら事実である。日本でも天皇制批判の嫌疑で幸徳秋水などが処刑された大逆事件（一九一一年）や戦前の治安維持法による作家・小林多喜二虐殺事件（一九三三年）、言論弾圧と拷問殺害の横浜事件（一九四二年）など、戦後の事件でも、犯人は明らかではないが、朝日新聞阪神支局襲撃記者殺傷事件（一九八七年）などの例がある。米国でも人種差別撤廃の公民権法案への賛否をめぐって、ジャーナリストの殺害や不当拘束などがかなりあったのも事実である。

私は同志社大学の大学院で新聞学を学んだが、一九六七年、自国のベトナム政策に反対していた女優のジェーン・フォンダ（一九三七〜）の話を大学での集会で聞いた。彼女はその年、コミカルな恋愛映画『裸足でダンス』に出演したばかりであったが、米国のメディアが政府と軍事産業からの圧力に苦しんでいると話したのでびっくりした。その姿勢が後年、原子力発電所事故の危険性を告発しようとしたジャーナリストが殺される映画『チャイナ・シンドローム』(一九七九年)に彼女が主演したことに繋がっていた。その翌年には『九時から五時まで』に出演し、男性中心社会で苦労するOLを演じた。その意味では彼女自身が時代の記録者であったわけだが、その彼女でさえ各方面から批判され、後に米国のベトナム参戦に反対したことは間違っていたと謝罪することになった。

いかなるメディアも税制や表現法を含め、それが存在する政治/経済的権力と利権が作る枠組の制約下にあるということだが、ジャーナリストの場合、物理的な生活者としての国籍はあるが、その職業的倫理としての真実の追求とアカウンタビリティ(責任の自覚と課題の実践)は国境を超越した人類社会の普遍的原理に立脚している。この両者の葛藤がときに記者の排除を誘発することになる(拙著『テレビー「やらせ」と「情報操作」』)。

それほど極端なケースでなくとも、ジャーナリストには取材不足や不注意からの苦情、果ては名誉棄損での提訴、経済的誘惑などさえ仕掛けられることもある。反対に、人間としての弱さから盗作や捏造といった反社会的行為に走ることもままある。それでもなお、私たちが忘れてならないのはすぐれたジャーナリストとメディアとの市民による連帯のみが良質な社会の基盤を形成するということの確認であり、悪貨が良貨を駆逐しない情報環境形成の議論と社会的合意の形成であろう。

（二〇〇九年八月二日掲載、原題は「ジャーナリストの抹殺は民衆利益への最大の加害行為」）

9　若泉敬氏の生き様と沖縄核密約

沖縄の米軍普天間基地の移転先をめぐる議論が政界を揺るがしている。メディアの論点は、①米軍による安全保障と沖縄県民の負担軽減との両立、②日本側が一九七二年の沖縄返還の見返りに米国側と交わした密約の処理問題の二つに分かれるが、いずれも軍事的に独立できない戦後日本が背負った難問で、解決は容易ではない。

後者についても、①米軍基地の農地への復元費の日本側肩代わり（外務省機密文書漏洩事件）、②六〇年安保改定時から続く、有事の際の米軍基地への核兵器持ち込み容認が返還時に再び約束されたことの二つがあり、今回はこの核容認議事録（以下、核密約）作成に黒衣として関わった、故・若泉敬京都産業大学教授（当時）の言動と、政府とメディアによる国家機密開示の在り方についてふれる。

核密約は米国R・ニクソン大統領の安全保障担当補佐官H・キッシンジャー氏と佐藤栄作首相（いずれも当時）代理のコードネーム「ヨシダ」こと若泉氏（一九三〇〜九六）の苦吟に

よって作成され、両首脳が承認したものである。氏にとって、それは「沖縄の祖国復帰こそが死活的に肝要な至上命題」であり、核密約抜きで日米両国内が収まるはずもなく、妥協の「秘薬」として成したものである。しかし国民全体の暮らしを守るべき日本政府は、返還後も沖縄県民を犠牲にしたままで経済発展に狂奔する。氏にはそれが日本社会の「愚者の楽園」（フールズパラダイス）化と映り、密約案作成時に心に誓った県民への信義を破るものであった。その自責の念から、密約の全過程を詳細に開示したのが、『他策ナカリシヲ信ゼムト欲ス』（「他に方法がなかったと信じて欲しい」の意、文藝春秋、九四年刊）である。そしてその二年後、米国民に向けた英訳版発行がハワイ大学出版部との間で成約した日（九六年七月二六日）、氏は蟄居した福井県鯖江市の自宅で青酸カリ「自裁」（友人らの証言）により沖縄県民に殉じた。

筆者はこのほど、その家を訪れたが、石垣の上の茶色の塀にさらに黄色の塀を積み重ねて張り巡らし、そこが不純なものは何人も拒絶する要塞のような備えになっていたことに慄然とした。筆者自身、六七年三月、日本旅券と米ドルを持ち、米国統治の沖縄に足を踏み入れたが、氏に初めて出会ったのも大学院生時代のこの年一一月、歴史家のA・トインビー氏が京都産大の招きで来日し、出演した文化放送でのラジオ対談の通訳をしたときである。その後、若泉氏と同じ大学の同僚となり、七二年まで米国の未来学者、H・カーン氏、仏の元文化大臣レーモン・アロン氏などの訪日企画に関係し、氏の下で働いた。

まさにその期間に氏は核密約の調整をしていたのだが、それについて私たちに一言も漏らすことはなかった。ただ、カーン氏の『超大国日本の挑戦』を参考に、自らが米国誌『外交評論』（六九年四月号）に寄稿した英語論文「七〇年以降の日本」を手渡し、在日米軍が日本の経済発展専心を可能にしており、それは沖縄が犠牲になっているからだと話された。若泉氏はその専攻する国際政治学を日米外交の場で生かすことを念じ、要路の政治家たちに建白した。当時の京都産大荒木俊馬総長はその才を見抜き、氏を講義負担のない教授兼東京事務所長に任じた。それにより、計一〇〇回以上の日米両首脳間の仲介が可能となり、返還の大事を補佐することができた。

当時の世界は冷戦時代で、米国の対ソ連、対中国関係は微妙であり、両陣営はベトナムという周縁で熱戦争をしていた。核の傘を実効化する密約なしの沖縄の返還が困難であったことはその著書を読めば分かる。だが、当時と現在では国際環境が根本的に違っている。にもかかわらず、政府は長期にわたり核密約を否定し続け、民主党内閣岡田外相の下での有識者委員会もそれを明確にしない。だが、それをメディアは鬼の首を取ったかのように批判するだけでいいのか。大切なのは、①国家と国民のより大きな幸せのための密約が必要なときもあること、そして、②条件が整えば、密約とその意味を明らかにすることによって、③知らされないことで判断を誤りかねない「民」を増やさず、国民をよりかしこくするのが責任ある政府の取るべき道であり、そうした価値判断によって密約の公開の是非を独自の判断によって社会的に明らかにするのが責任あるメディアの在り方でなければなるまい。

（二〇一〇年五月九日掲載、原題は「若泉敬氏の生き様と沖縄核密約の開示」）

10 ドキュドラマ『運命の人』の波紋

正月明け（二〇一二年）からTBS／MBS系列、日曜午後九時枠で放映が始まったドラマ『運命の人』が話題になっている。一九七二年の沖縄返還前に日米政府が交わした基地使用地の原状回復費用四〇〇万ドルを日本側が肩代わりするとの密約があった。その関連文書が「男女関係」にあった外務省女性事務官から新聞記者に漏れた一連の出来事を描いた迫真のドキュドラマ（事実を基本にしたドラマ作品）である。原作者山崎豊子氏（八八）の希望で、外務省担当の毎日新聞敏腕記者（西山太吉氏、当時四〇歳、作中では毎朝新聞弓成亮太）を本木雅弘が演じ、外務省女性事務官役の真木よう子（作中では三木昭子、以下同じ）と「情を通じて」（起訴状の表現）書類を持ち出させた。それは国家公務員法守秘義務違反「そそのかし」犯罪だとの構図を佐藤栄作（佐橋慶作）政権が作りあげた。

この一九日（二月）で六回目の放映が終わり、視聴率的にも多様な層を引きつけている。だがそのテレビでは弓成記者と三木事務官との個人的関係、二人の家族と勤務先の人間たちの葛藤が過剰に描かれ、肝心のメディア側の取材する義務と国民の知る権利が添え物程度になってしまっている。それらのドロドロが濡れ場シーン付きで出てくるから、視聴者は破滅していく男女とその家族を見て楽しみながら、メディアと権力の相克を学習している気にさせられてしまう。

もっとも、原作者が『白い巨塔』や『華麗なる一族』など、社会問題をエンタメタッチで描く名手として名前を売ってきた山崎氏だ。そこにはヒットするテレビドラマの5大要素である、①色恋・セックス、②危険、③話題性、④争い、⑤華麗さのすべてがそろっている。だから、私のメディア論受講生、とくに女子学生には次週が待ち遠しいという者が多い。だが、これを実際の事件として見れば、少なくとも直接の関わりを持った人たちからはすこぶる評判が悪い。それら関係者の複数名を知る筆者にとってもこのドキュドラマには歴史的記録の断面としてはどうかと思われる部分も多い。

佐藤首相は当時、子飼いの福田赳夫氏に政権を継がせたく、田中角栄氏（次期首相）との激烈な政争状態にあり、「沖縄の祖国復帰なくして日本の戦後は終わらない」との名言を吐いた裏で、沖縄への核兵器持ち込みや繊維問題での賠償を含むいくつもの対米密約を結び、ノーベル平和賞の受賞を念頭にその返還を急いだ。ドラマ中の密約は核関連などに較べてさ さいなものだが、佐藤の逆鱗が検察をして新聞記者を男女関係に絡めて犯罪者に仕立て上げさせた。またそのスキャンダラスなやり方によって国家の秘密を国民に知らせるジャーナリストの義務の問題を吹っ飛ばしてしまった。だが、佐藤とその側近による問題のすり替えに私たち国民も結果として同調したのだから、私たちの判断力も問われている事件なのだ。

国民の知る権利の代行者であるジャーナリストの取材行為が犯罪になれば、メディアは情報提供者の言い分の伝達役にはなれても、取材活動などできなくなる。たしかに、合意のうえでの大人の男女関係であっても、両者の家族には問題であろうし、道徳的な議論の余地もある。だが、同時に、国民を欺く権力者たちの秘密主義の罪がそれによって減じられることはないという理性と知性が私たちには求められている。

ドラマはあくまでフィクションだから騒ぐことはないという立場もあろう。しかし、テレビドラマも原作小説もその販売促進に実際の事件の下半身問題を前面に出し、それがスクープと権力からの弾圧に絡めて利用され、視聴者もその歪んだ構図を事実として受け取っている。しかも原作者のところには軽トラック一台分の資料が当該新聞記者の関係者から持ち込まれ、それを元に小説が書かれ、テレビ放映に至っているという経緯もある。やはり、テレビ局のドラマ化手法には大いに問題ありということだ。

だからこそ、弓成の同僚として登場する読日新聞記者山部一雄とは自分のことで、その描き方は事実にそぐわないばかりか、自分を無能で金に汚い記者のイメージで描いており名誉毀損だと、現読売新聞グループ本社会長兼主筆・渡辺恒雄氏が、他社発行の週刊誌『サンデー毎日』（二月一九日号、毎日新聞社発行）に「私はＴＢＳ『運命の人』に怒っている！」と題した文章を寄稿することになる。

（二〇一二年二月二二日掲載）

11　戦略的互恵コミュニケーション

九月七日（二〇一〇年）に起きた、尖閣諸島周辺での中国漁船と日本の海上保安庁巡視船との衝突事件、中国人「船長」の逮捕および「超法規」的釈放措置は中国側のごり押しが目立つとはいえ、「メディア学」上からは日本側の拙劣さも見逃せない。

複数者間での戦略的情報行動の研究を「政治的コミュニケーション論」という。今回の場合、日中両国民の反日感情の高まりと国際政治力学上の日本の地位低下の露呈という結果で、日本での官民のこの研究領域の遅れが悔やまれる。一九七五年のクアラルンプール米大使館占拠事件では服役中の日本赤軍メンバーが人質と引き換えに数億円相当の米ドル現金付きで釈放された。二〇〇一年、北朝鮮金正日総書記長男の正男氏がドミニカ共和国の偽造パスポートで入国しようとして成田で拘束された数日後に北京に向けて強制送還された。だから、今度の件でも圧力をかければ、日本が「超法規」的に動くことは中国には「予定調和」にすぎなかったのだ。

今日の世界は国境を低くする方向（ＥＵ／欧州連合）と国家再編指向（旧ソ連圏）との対立にあるとする見方があるが、アジア太平洋地域は当分、現状の国家枠を前提とした経済（貿易と資源）利権の調整を中心に動く。だが、このギブ＆テイクの経済過程も外交力と武力によって左右される。なのに、日本にはこうしたことでの国民的コンセンサス形成が困難だ。だから、この地域での覇権は米中の駆け引きで大枠が決まり、日本の意志はほとんど無視される。

筆者は一九七一年春、日米と中国の相互承認のきっかけとなった名古屋での世界卓球選手権組織委員会の国際担当委員であった。中国はその年の秋、北京にアジア・アフリカ諸国を招き、翌年には南米諸国を加え、三大陸友好卓球招待試合を開催した。参加国代表団には政財界の有力者が含まれ、外交と経済発展に役立つ諸国がとりわけ優遇された。二度とも、周恩来総理が人民大会堂で宴会を催し、「にわか」卓球人たちを歓待した。こうした長期展望に立って、中国政府はメディアと国民を統制できる。米国にも秘密機関による機動力がある。それがない日本は理想の「民主社会」かもしれないが、悪くいえば、脳天気である。

今度の事件直前の八月末の二日間、北京で第三回日中ハイレベル経済会議が開かれ、日本からは岡田克也外務大臣（当時）を団長に官・民の一〇〇人以上が参加した。筆者はこの会議とその後の尖閣諸島問題について、中国中央テレビから衛星中継でのコメントを求められ、①レアメタルの対日輸出や知的財産権問題を含む互恵確立が両国の最大の課題であり、②両国の戦略的互恵関係の維持こそ東アジア地域の安定と共栄に必要だと述べた。しかしこの経済会議中の日本メディアの最大の関心事は民主党代表選の政局で、国際的にも重要な経済動向が国民に知らされなかった。

卓球試合の勝負は、①技術、②体力、③精神力で決まる。国家関係でいえば、技術とは知識と外交力、体力とは軍事力、精神力とは国民一体の意志である。残念ながら、これら三つの領域すべてにおいて日本の力は弱い。さらに、日米関係が日本の「片思い」であることは一九七二年の沖縄返還と核密約に関わった若泉敬氏が、米国の独善と日本の「愚者の楽園」化を嘆いたことに象徴的である（『他策ナカリシヲ信ゼムト欲ス』文藝春秋刊）。

指摘されるように、日本の外務官僚の多くには胆力がない上に、自分に都合の悪いことは忘れやすい性癖もある。先に挙げた米中の「ピンポン外交」時の日本卓球協会の関わりに対し、当時の外務省は強い不快感を示した。しかし、二〇〇一年秋、ハーバード大学にやってきて講演した元外務審議官某は「私たちは日米中の関係改善に努力した」と言ったので、その場に居合わせた筆者は「事実と違うことをいうべきではない」とたしなめておいた。

今年八月、東京での会合で同席した元外務事務次官は日本の安全のために沖縄の米軍基地は縮小できないと力説した。現在の日本にとって日米関係が大事なのは当然だが、同時に沖縄県民への適切な配慮がなければ、〝民〟主の政治とはいえまい。政治家と職業外交官、そしてメディアの第一の責務は国民の生命と財産と人間としての尊厳を守ることなのだから。


（二〇一〇年一〇月一〇日掲載、原題は「日中の戦略的互恵と政治的コミュニケーション」）

12 NHK大河ドラマのテーマ選定

「歴女」という新語がある。ドラマや小説で歴史上の人物に興味を持ち、ゆかりの地を訪ね歩く女性のことだ。休日になると、この歴女を中心とした観光客が滋賀県長浜市に押しかけ、お土産店だけではなく、市が第三セクターとして作った恒常的赤字施設までが黒字に転換してしまった。理由は今年二〇一一年のNHK大河ドラマ「江～姫たちの戦国～」のヒロインの生地がその長浜で、テレビで毎週紹介されているからである。

NHKの番組宣伝には「信長の妹・お市の方の三女にして、徳川二代将軍・秀忠の正室、三代将軍・家光の生母〈江（ごう）〉の生涯を描きます。記念すべき大河ドラマ第五〇作目のこの作品……」とあるような番組だから歴女が増産される。そして先月初め、再来年の出し物が同志社大学創立者、新島襄の妻／八重（やえ、一八四五～一九三二）を中心とした「八重の桜」（主演：綾瀬はるか、「原爆」を投下された広島出身）に決まったことが公表された。

筆者は滋賀県に居住し、八重の夫が創立した大学を職場にしているから、たまたま両作品に縁があるのだが、知人のＮＨＫ解説委員はメディアの使命の第一は地域の応援団になることだという。だが、それでは「社会的事実の適切な提供」というジャーナリズム機能はどうなってしまうのか。半面、大河ドラマはそうして決定されるのかと妙に感心させられた。八重個人は開明的行動者だが、会津若松（福島県）の保守的な藩閥政治執権層の出身。同志社が組織として大きくなる過程で、建学の精神である「良心之全身ニ充満シタル丈夫」（新島襄全集、第一巻）の育成が軽視されていく過程に反発し、夫の死後、学園とは疎遠になっていく。

ＮＨＫがどこにでもあるそんな理想と現実の陳腐なギャップを描く筈もないから、八重がヒロインに選ばれた最大の理由が、先の解説員の言葉どおり、その出身地の応援にあることは明白だ。FUKUSHIMA は今や KYOTO よりも世界的に知名度が高い。だがそれは原発震災の激甚地としてのマイナスのイメージであり、それを咲き乱れる八重の桜で逆転させ、地元にも元気を送る一助になりたいと考えたのだろう。しかも最近では二〇代の若者の約三割が連続ドラマを見ない（ひかりTV調査）。理由には、①見たい作品がない、②毎週見るのが面倒、③時間がない……などが並び、ドラマ視聴の主流が四〇代以上に移っている。インターネットが一般利用されはじめた九〇年代半ばに新聞が、①値段が高い、②ゴミになる、③インクで服や手が汚れる……などと敬遠され始めた。現在の学界はテレビを新聞とともに「伝統メディア」と分類して議論している。そんな時、NHKが二〇〇八年の大河ドラマ「篤姫」（主演：宮崎あおい）で採られた手法でせめて女性だけでも引き戻したいと考えたともいえる。

「篤姫」の脚本担当者、田渕久美子氏によるキャッチフレーズ「女の道は一本道」（小学館刊の同氏著作名）が独立志向の女性に受け、今年の「江」は女性主演の大河ドラマの七作目。来年が松山ケンイチ主演の「平清盛」だから、翌年は女性主導の「八重の桜」が強力な巻き返しになれば……と願っても当然だろう。だが、視聴率取りは簡単ではない。過去一〇年では「篤姫」がダントツだが、同じ脚本家で、主役が女性でも今年の「江」は苦戦中。民放ドラマでは篤姫の前年、篠原涼子主演の「ハケンの品格」（日本テレビ）が話題となり、平均視聴率が二〇％を超えた。しかしそのエピソード二が計画されたとき、リーマンショックで名だたる企業が派遣切りに踏みきり、制作自体が頓挫してしまった。

世の中にはテレビ的娯楽の提供も必要だ。またドラマには作品内の設定が視聴者の実人生に役立つ「疑似経験知」が詰まっている教養番組的側面も無視できない。若者世代がテレビ、とくにＮＨＫのそれから離れつつあるといっても、今度のような突発的大災害時には、携帯のワンセグを含め、伝統的メディアが果たす同報による減災の役割が大きいし、信頼度も高い。その一方で今のＮＨＫの主流派が場当たり的にしかテレビの機能を考えなくなっているとすれば、グローバル化社会に通用する情報リテラシーを持った日本人は育ちにくい。

（二〇一一年七月六日掲載、原題は「ＮＨＫ大河ドラマのテーマ選定と社会的要請」）

13　京都五山送り火と放射能汚染問題

八月一六日夜、今年（二〇一一年）もまた、京都のお盆の定例鎮魂行事「送り火」が市の中心部を取りまく五山で赤々と燃え、全国からの数十万の観光客も一夜を楽しんだ。しかし今年のそれは巨大複合災害（地震・津波・火事・原発事故等）の犠牲者／被災者に想いをはせ、激甚被災した陸前高田市（岩手県）の名勝・高田松原で津波になぎ倒された松を「薪」（わり木）として使うかどうかでもめにもめ、結果として「放射能差別」とも呼ぶべき後味の悪さを残すことになった。

高田の松使用の是非はネットでも激しい議論が展開されたが、その一連の過程は現代日本の危うい情報受容と伝達、社会行動の典型例である。まず、時系列的に整理すれば、六月中旬、震災現地の松を薪にして鎮魂する計画が京都の送り火関係者の間で持ち上がる。それを知った市民や他地域の人たちから、放射能汚染問題への懸念が出て、七月下旬、地元市民で作る大文字保存会は薪を検査に出す。放射性セシウムは検出されなかったが、議論の噴出で困惑した保存会は計画取りやめを決定した。それに対し、八月一〇日、京都市が現地からの薪を使うと発表し、実際に現地から薪五〇〇本を取り寄せた。福島第一原発から二〇〇キロ近く離れていたが、保存会のものとは違い屋外に放置されていたためか、その表皮からセシウムが検出された。そのため、市は計画を断念し、陸前高田市民が書いた供養の文言を保存会が中心となり別の薪に書き写し、一六日に燃やした。

今度のごたごたには五つのステークホルダー（関係者）がいる。第一は大文字送り火の実行者である保存会、第二はそれを代表的観光産業行事としている京都市、第三は送り火の精神的支柱であるべき宗教界、第四は放射性物質の実際的影響を説明すべき科学者とその関係組織、第五が一連の出来事を報じたメディアである。

これら五組織のうち、保存会だけが地元の一般市民で構成されており、その人たちは陸前高田市民と同様、その他の専門家集団に結果として翻弄された。学者集団である日本原子力学会は七月七日に出した「福島第一原子力発電所事故調査・検討委員会の調査における個人の責任追及に偏らない調査を求める声明」で、「……事故炉の設計・建設・審査・検査等に関与した個人にたいする責任追及を目的としない」などと主張した。しかし同学会の基本方針には「原子力技術の取り扱いを誤ると人類の安全を脅かす可能性があることをよく理解し、過去の原子力災禍がもたらした影響を今後の教訓として深く認識し、安全確保のため常に最大限の努力を払う」とあるから、声明はまったくもって無責任である。

胸部レントゲン写真もそうだが、微量であれば、放射性物質の特性は有効利用さえできる。今度の陸前高田からの薪も、それが京都で燃やされても、その量から言って直接の有害性を生じさせるものでないことは常識であるが、学者は肝心なときに逃げ腰……。市民の良識を代表すべき京都市長も市会議員も、震災で命を落とした人たちへの思いを具体的な行動としなかった。さらには、このような宗教的行事についての宗教界の声が組織として聞こえてこなかった。京都には多くの宗教の総本山や生け花・茶道の本部があり、「文化首都」を自称しているが、市や宗教界の対応も情けない。メディアも放射性セシウムの性質や各関係者の動向を報じるばかりで、自らの主体的意見を出せず、「社会の灯台」とはならなかった。それでは客観報道と中立の意味の深い次元での理解が足りないと批判されても仕方がない。

なぜこんなことになってしまったのか。三・一一震災は地震と津波、そしていまだ収束しない原発事故が重なったものだが、とくに最後の原発問題に関しては、東電による隠蔽と政府発表のいい加減さが次々と明らかになり、今では人びとが愛想尽かしをしている。その結果、まともな意見を述べても、誰も信用されないという恐ろしい状況ができあがってしまった。この現象を米国のメディア学者J・カペラとK・ジェイミソンは「シニシズム（冷笑主義）の螺旋」（『政治報道とシニシズム』ミネルヴァ書房）と呼び、民主主義の危機と捉えた。自己反省を込めていえば、この状況の打開には学者とメディアの知的怠慢の是正から始めねばなるまい。

（二〇一一年八月二四日掲載）

14　震災・原発事故〈想定外〉の社会力学的意味

『現代用語の基礎知識』（自由国民社刊）は二〇〇五年度の年間流行語大賞として、「小泉劇場」（受賞者：武部勤自由民主党幹事長、当時）と「想定内（外）」（受賞者：堀江貴文（ライブドア社長、当時、現在偽計罪等で収監中）の二つを選んだ。ところが、後者がまた東日本大震災における津波の大きさや原発事故に関し、責任逃れに便利な言葉として各処で話題になっている。年末（二〇一一年）の二六日、政府が設置した「東京電力福島原子力発電所における事故調査・検証委員会」（畑村洋太郎委員長）がその中間報告書を野田佳彦総理に手交し、事故原因としてその言葉に批判的に触れている。

「想定外」とは辞書的にいえば、「想像を絶する」（英語では beyond imagination）ということで、メディア学的にはそれ以上の知的探求の不可能性つまりコミュニケーションの限界を示すときに用いる表現である。だが、震災関連での使用例は政府／自治体の防災関係者、津波防護壁や原発建設に関わった学者や東電関係者が事故は人知を超えた原因によって起き、自分たちには予想すらできなかったとの弁解として使われている。たしかに「想像を絶する」ことは世の中にたくさんある。ふつうの生活者の場合、勉強不足がその原因となっているにすぎないから、それは恥ずかしいことでも罪でもない。だが災害の事前防止活動の関係者、とりわけ原発事故を起こした東電の経営幹部とその主張にお墨付きを与えた専門学者、加えてその広報役を担ったメディアの責任はそのような言い方で逃げられるものではない。

コミュニケーション論では誤解の発生原因の一つを情報の発信者と受信者双方の社会心理的態度の違いとする。だが、同じ学者／専門家集団でも、今度の事故に関係することでは、土木学会・地盤工学会・日本都市計画学会の三学会が事故直後の三月二三日、記者会見を開き、「想定外」という言葉は「弁解として使うべきではないし……安全に対して想定外はない」（要旨）と指摘した。

もちろん、これら三組織の会員の中にもいろんな人がいる。筆者は一九九五年一月一七日の阪神淡路大震災のちょうど一年前に起きた米国ロサンゼルス近郊ノースリッジ地震での高速道路倒壊の映像を見て、同じことが日本でも起きることを危惧し、現地調査をしてビデオ作品とした。そこで、米国ではP波とS波の速度差を利用した地震の速報体制、迅速な赤十字等のボランティア活動とともに、道路倒壊が予算不足の弱体構造のせいであることも知った（ビデオは後に筆者監修で『地震・災害対策と危機管理システムの実際』として日本経済新聞社から発売）。その時、日本の道路専門家にも取材したのだが、かれらは日本では構造設計基準が米国とは違うから倒壊など起こりえないと答えた。ところが翌年、同程度の地震で阪神高速がひっくり返った。以来、筆者は利害関係を持った学者／専門家の安全論を信用しなくなったのだが、まさに今回の津波と原発事故でも同様なことが起きたのではなかったか。

政府の事故調査・検証委員会の中間報告（全文約七〇〇ページ、http://icanps.go.jp/post-1.html で公開）の第七章「これまでの調査・検証から判明した問題点の考察と提言」の六節「不適切であった事前の津波・シビアアクシデント対策」、七節「なぜ津波・シビアアクシデント対策は十分なものではなかったのか」では、東電が会社経営つまり組織の都合でマニュアルを作り、そこに書かれていないことが起きて対応できなかったこと等が批判的に記されている。そのことは失敗学を創始した畑村委員長の著書『未曾有と想定外　東日本大震災に学ぶ』（講談社現代新書）でも指摘されている。しかし事故の起因責任者については「すべての人が一生懸命行動したので、犯人捜しはしない」として意図的にぼかされている。

社会情報には理論的にも現実的にも客観的中立などあり得ない。学者もメディアも人びとの安全・安心の確保、より具体的には人びとの生命と財産と尊厳の三つに加え、メディアの場合には政府発表を垂れ流すのではなく、人びとの自由な思考と自己防衛に役立つ情報を選択して提供することだ。今回の震災でいえば、被災者目線での救済と二度と同種の人災起因の被害を出さないことに全力を投入しなければならないということだ。

（二〇一二年年一月一一日掲載、原題は「〈想定外〉の社会力学的意味」）

15　放送関連諸法の国会論議

民主党が六月一日（二〇一〇年）から一週間のドタバタ政治劇とその後の支持率の急上昇を参院選挙につなげようと国会の閉会を強行した。そのため、多くの議案が審議途中で廃案になったが、テレビや新聞では国民新党代表の亀井静香金融・郵政改革担当相辞任をもたらした①郵政関連三法案だけが大きな話題となった。しかし、鳩山前総理が就任当初の国連気候変動サミットでぶちあげた、二〇二〇年の温室効果ガス排出量の一九九〇年比二五％削減を実現するための②地球温暖化対策基本法案も、情報革命時代への適切な対応を目指した③通信・放送関連法案なども同じ運命となった。

とくに③については五月二五日の衆院総務委員会で与党民主党が強行採決したものだけに、原口一博総務相（当時）は国会閉会翌日の一七日の政務三役会議で、「何としても次の臨時国会で通す」と明言した。担当大臣が審議を急ぐ背景には、地デジ転換と広告の落ち込みで経営危機に直面している地方局を民放キー局による複数の放送事業者への出資制限の緩和で救済したいということがある。だが経済面と同時に大切なことは、新法案が日本社会の情報環境の質的向上に貢献するかどうかの検討である。

戦前の日本の放送はＮＨＫラジオの独占であったが、戦後は米国型の言論の多様性の保障が推進され、民放ラジオ（一九五一年）、つづいてテレビ（五三年）がスタートした。当初は地上波だけであったから、ハード面（施設）は電波法による免許事業、ソフト面（放送内容）は放送法で十分であった（両法とも一九五〇年制定）。その後、有線や空中波（衛星波）、ＮＴＴ再編といった新しい技術や業態が出現し、電気通信事業法や有線ラジオ／テレビ法など七つの新法が制定された。だが、インターネット技術の発展は一方向的な放送と双方向性の通信の垣根を低くし、従来的枠組ではもはや対応できなくなった。そのため、二〇〇六年に小泉政権時代の竹中平蔵総務大臣の私的懇談会「通信・放送の総合的な法体系に関する研究会」が関連諸法を一本化し、競争による質的向上を提言したことが今回の六〇年ぶりの大改訂案の背景にある。

健全な経営なしに「メディアの自立・自律」は不可能だが、小泉・竹中コンビが主張した「競争が質を向上させる」という主張はメディアとジャーナリズムの在り方については必ずしも正しくはない。買収と統合が日常化している米国メディアが取材費のかかる報道番組を減少させ、娯楽番組を増大させていることがその証明である。しかも、それは系列の新聞廃刊をともない、それまで新聞が支えてきた地域ニュースとグローバル化社会の公益性という視点からの情報提供の不足と、少数大資本の参加で「言論の多様性」が減少しつつある。

今度の日本の改変論議にも以下の二つのことが欠落している。第一は技術、コンテンツともにこれほどグローバル化しているのに、情報内容面からのその展望がないこと。最近も笹川平和財団の招待で来日し、勤め先の大学で講演したアルジャジーラ衛星放送局（在カタール）のシュケイル次席編修者と面談したが、氏は中東世界とその他の文化圏との「相互理解の橋」を架けるのが自局の目標であると力説した。

欠落の第二は、メディアと情報が公共善に奉仕する、つまり私たちのよりよい暮らしのためにメディアはどのような情報を提供するのかという議論がなく、業態調整や政治的配慮だけですませ、メディア本来の自律を強化するための検討がないことである。メディアの責務とは多数の人が公益情報にアクセスできるようにすること（D・マクウェール『メディア・アカウンタビリティと公表行為の自由』論創社）で、今日のそれは通信技術と情報内容の脱国境性を前提としている。そうしたメディアは相互理解のためのきびしい国益論争を経てはじめて見えてくる。

このことについては、日本政府も賛同した、一九七八年採択の「ユネスコ＝マスメディア基本原則宣言」（正式名称：平和と国際理解の強化、人権の拡大、人種差別・アパルトヘイト・戦争扇動への反対のためのマスメディアの貢献に関する基本諸原則）で一定の結論が出ており、今度の再編もそうした成果を踏まえ、より具体的になされるべきだろう。

（二〇一〇年七月四日掲載、原題は「放送関連諸法の国会論議に求めたい視点」）

第四章　メディアとジャーナリズムの品格

1 娯楽番組に公益の視点を!

一〇月一一日(二〇〇七年)に開催されたボクシングの世界タイトルマッチ、内藤大助・亀田大毅戦について報じたテレビや新聞は、亀田が「反則連発、最低の負け」などと、スポーツ紙顔負けの表現で酷評した。だが、それらのメディアは対戦の前から亀田陣営が内藤を「ゴキブリ」と侮辱し、本人も「俺は宇宙一だ」と豪語したとも伝えていた。ケンカとスポーツの違いは後者には公正なルールがあることだが、今回の一連の報道はスポーツをケンカのレベルに貶めて、読者・視聴者の関心を煽った。

かつて哲学者の戸坂潤(一九〇〇～四五)は、娯楽施設の社会的確保について、「幸福かつ健康な生活をするための、もっとも大きな民衆的な関門である」(「娯楽論」一九三七年)といい、当時のメディアの娯楽記事については、「暇つぶしや慰安にすぎない」と批判した。

今のメディアは政党の総裁選も今度のボクシング対決も同じノリで娯楽報道化しているが、その傾向はインターネットの商業利用が始まった一九九五年以降にとくに著しい。学問的なメディア論については専門書を読んでいただくとして、今回はスポーツやドラマなどの娯楽番組の公益性(社会性と公共性)について考えてみよう。

放送法規定にはテレビは「教養番組又は教育番組並びに報道番組及び娯楽番組を設け、放送番組の相互の間の調和を保つ」べきだとある。だが、現在のプライムタイム（午後七時〜同一一時）の八〇％以上が娯楽番組である。これについては監督官庁総務省の見解を聞きたいものだが、社団法人日本民間放送連盟の会長が「日本人は会社での仕事に疲れており、娯楽番組はその人たちのためにある」といったのがほんの数年前。この人が会長を務めるテレビ局は当時、タレントに河童の恰好をさせた「やらせ」番組を放映し物議を醸していた。

これがテレビ界の実情だから、彼らが視聴者のメディアリテラシー云々というのは片腹痛い。しかも視聴率競争ですべてがエンタテインメント化され、『発掘！あるある大事典Ⅱ』に代表される捏造番組が作られる。テクノロジーの進化が民生に有効利用されれば、たいていは余暇時間が多くなる。生活時間の有益な使い方が重要な社会的議題となる所以だが、その受け皿がお笑いや、かつて野球の王監督を揶揄した「水10！」の「ジャパネットたかた、王シュレット編」（二〇〇三年、便器内部に王監督の顔を描き、タレントが排便行為をした）のような番組では情けない。今求められるのはかつての「アイラブルーシー」や「ルーシーショー」（一九五〇・六〇年代のアメリカンコメディ）のような視聴者を引きつけると同時に、内容的にも教養性と公益性の高い番組だが、「結婚できない男」や「ハケンの品格」などを作れるほどになっている日本の放送人たちにとって少しの努力でそれは可能だろう。

テレビやゲーム機器の前で毎日何時間も過ごせば青少年の知力も体力も落ちる。社会が不安定になれば安心して子供も産めない。それが次世代への不信や少子化の原因の一つだからといって、NHKの『クローズアップ現代』（二〇〇二年五月三〇日「三十代未婚女性急増」）のように、「行き遅れ＝負け犬」という言葉で非婚層批判をするのは戦前の「産めよ、増やせよ」キャンペーンと同じ時代錯誤だ。そうした点でも、一九九八年〜二〇〇四年に米国のケーブルテレビ局HBOが放映した連続ドラマ「セックス＆ザ・シティ」は女性に生きる勇気と積極性を与える傑作で、日本の有料ケーブルテレビでも放映され若い女性に圧倒的に支持された。そこには三〇代の独身女性四人（弁護士・セックスコラムニスト・アートディーラー・PR会社社長）が登場し、世界の大都会ニューヨークで男たちに伍して社会参加をエンジョイする姿がジェンダー枠組みに押し込められた日本女性たちをとらえた。

歴史（history）は、彼の（his）物語（story）であり、herstory（her＝彼女の、story＝物語）も加えるべきだという、英国のメディア研究者ジェームズ・カランなどの指摘（『メディアと権力』論創社）は日本の娯楽番組やドラマ制作と視点にも反映されてしかるべきだろう。

（二〇〇七年一〇月一六日掲載、原題は「娯楽番組の公共性について」）

2　テレビの嘘の逆襲

テレビに嘘はあるか？　といえば、「嘘だらけだ」とも、「テレビとはそういうものだ」とも答えられる。前者は「現実はテレビで表現できるほど小さくない」ということだし、後者は発信者側（放送局）と受信者側（視聴者）との期待値にギャップがある場合である。また、テレビには局と視聴者がともに「嘘」を楽しみ、情感を豊かにするという次元もある。お笑いやバラエティ、日常生活での冗談や川柳などはそうした合意で成立しているが、二〇〇七年一月七日にフジテレビ系列で放映された「発掘！あるある大事典Ⅱ」（以下「あるある……」）の「食べてヤセる！！！食材Xの新事実」（関西テレビ制作）はそうした枠組みを逸脱していた。日本人なら誰でも知っている納豆（番組欄の「X」）が「ダイエットに効果的だ」と主張され、その科学的証言が米国人大学教授の英語発言を不正確に訳した日本語字幕によってなされ、放映直後、コンビニや百貨店の食品売り場から納豆が消えるほどの悪影響が出たからである。

しかも、問題が発覚すると、「あるある……」の前作シリーズから一〇年の全番組が洗い直され、新聞は一面でこれを報じ、社説で取り上げ、他局テレビも連日批判報道した。私自身が制作局番組審議会委員長であったから、この番組を審査したとき、制作姿勢の危うさを注意したが、内容の嘘までは見抜けなかったという自戒と反省がある。

テレビの「嘘」にはいくつかの次元がある。①初めから視聴者には嘘とわかっており、それが笑いを呼ぶもの、②発信者側は冗談のつもりでも、視聴者がまじめに受け取っているもの、③発信者も知らずに、「真実でないこと」を番組に入れ込んでしまうこと、④分かっていながら、視聴者を欺すもの、といったようにである。「あるある……」は残念ながら、上記の①の部分を含みながらも、④の次元で起きた。関西テレビはそのことを反省し、これまでに同種の不祥事を起こした局のなかでは、もっとも真摯に再発防止に取り組んでいる。他局もこれを他山の石としなければならないはずだが、問題のある番組はいまだに多い。たとえば、一〇月一五日に放映された「世界まる見えテレビ：9・11「ツインタワー崩壊の疑惑を追え」（日本／読売テレビ系列、以下「まる見え……」）である。

夜八時から放映のこの番組が、事件は米政府の発表通りではなく、何者かが事前に仕掛けた爆薬によって起こされたという米国制作の番組を流し、否定的なコメントもなく番組が終了した。私自身、九・一一事件の直後、ハーバード大学の客員研究員として渡米し、煙と死臭が充満するWTCの現場にも、修復中のペンタゴンこと国防総省（首都ワシントン）の突入現場にも立った。それなりの報道検証もしたが、米国を憎む集団がハイジャックした旅客機でそこに突っ込んだことが直接原因であることに間違いはない。

当然、「まる見え……」の内容にはインターネットで多くの議論が飛び交ったが、放映局は謝罪しなかったし、新聞やテレビもこれを「やらせ」番組だとして批判していない。放送法三条の二には「意見が対立している問題については、できるだけ多くの角度から論点を明らかにすること」という条項がある。同じく、放送法の第四条には、「放送事業者が真実でない事項の放送をした（場合）……その放送をした放送設備と同等の放送設備により、相当の方法で、訂正又は取消しの放送をしなければならない」ともある。「あるある……」も「まる見え……」も、飲み屋さんでの会話の話題にさえなったから、人を惑わした番組であったといえる。ところが総務省も他のメディアも黙ったままだから、テレビへの信頼度だけが低下していく。メディアの質が社会の質に比例することを忘れると、その社会は確実に衰退する。そのことにそろそろ気づかないと私たちは早晩大きなしっぺ返しを受けるだろう。

（二〇〇七年一一月一三日掲載）

3　愚劣な「サブリミナル」利用

ＮＨＫの大河ドラマ「天地人」の五月一〇日（二〇〇九年）放映分「本能寺の変」にサブ

リミナル手法が使われたのでは？　と問題にされている。録画したビデオをコマ送りして点検したが、明智光秀軍が本能寺に突っ込み、信長が絶望し自害する場面で建物全体が爆発する直前に、信長の領地の、①空と、②田舎の風景、そして、③光秀役の横顔が、青みを加え目立たなくして、〇・二秒間挿入されている。

このシーンを勤め先大学の講義受講生約四〇〇名に見せたところ、問題部分を識別できたものは数名しかいなかった。現在の日本ではいわゆるサブリミナルは「通常知覚できない技法で、潜在意識に働きかける表現はしない」（NHK国内番組基準第一一項）、「視聴者が通常、感知し得ない方法によって、なんらかのメッセージの伝達を意図する手法（いわゆるサブリミナル的表現手法）は、公正とはいえず、放送に適さない」（民放連放送基準第五九条）として、事実上禁止されている。だが、この件で、NHKは複数の報道機関に対し、「カットの挿入は知覚できるので、サブリミナルには当たらない」と開き直っている。しかし大学生のほとんどが知覚できないのだから、それを「知覚できる」「死を目前にした織田信長の気持ちを印象的に伝えたかった」あるいは「カットが早すぎて視聴者によく理解されなかった」と強弁しているのはいただけない。

サブリミナルとはもともと心理学の用語で、人間の認知・知覚を、①意識をもって認知できる範囲と、②意識的には認知できない範囲の二つに分けた場合、その境界を〈閾（いき）

＝limen）とよび、それ以下の部分（閾以下）をサブリミナル（subliminal）という。語法としては、社会的に認知の段階にいたらない文化（カルチャー）を「サブカルチャー」というのと同じだが、メディア論でいう「サブリミナル」は、②に関連し、③通常の意識としては明確な認知はできないが無意識的に知覚できるかもしれない範囲を想定し、その部分へのはたらきかけを行うことである（拙著『メディアと情報は誰のものか』を参照）。

とすれば、今回のＮＨＫのやり方はサブリミナルそのものだということだが、日本におけるこの件の議論がともすれば枝葉末節的になりやすいことを筆者は憂える。これが日本で最初に問題となったのは、ＣＭに選挙の候補者や女性の裸体が瞬間的に入れ込まれたりする悪質な事例が出てきたからだ。その後、ＴＢＳの報道特集（一九九五年）がオウム真理教（当時）幹部刺殺事件で別の幹部をこの手法で犯人視したことが問題となり規制に至った。つまり、この手法の危険性はそれに効果があるかどうかということよりも、普通人が知覚できない表現をすることじたいが、送り手と受け手の間の信頼の原則を踏みにるものだということが局側に自覚されていない点にある。

一方、テレビでは一秒が二九コマ（映画は二四コマ）で構成されており、もし仏像を左右から撮影し、それを一コマづつ交互に入れ込めば立体的に見える。外国語学習でも熟睡する前にやる「睡眠学習」や癒し音楽なるものが効果的だとしてビジネスになっている。だから、一律にサブリミナルが悪いわけではない。しかし、予期していない状況におけるこの種の手法の安易な利用には情報操作につながりかねない面がある。事実、ほとんどすべての説得技法が戦争時の政権による国民欺しや国際イメージ戦略、平時の広告業界によるビジネス展開の拡大として開発されてきている。

このサブリミナル手法と同時期に問題とされた表現技法にいわゆる「パカパカ」や「フラッシュ」がある。NHKも民放もこれについて、「細かく点滅する映像や急激に変化する映像手法などについては、視聴者の身体への影響に十分、配慮する」として、その使用には一定の注意義務を課すようになった。これはテレビ東京（テレビ大阪）系列で放映された「ポケットモンスター」を原作にしたアニメ番組「ポケモン・電のうせんしポリゴン」における激しく動く映像に接した子どもおよそ一〇〇〇人が体調不良となり病院に運び込まれた事件（一九九七年）が起きてから定められた。これもまた、刺激の大きさで子どもを引きつけようと視聴者の健康よりもビジネスが優先された結果起きたことである。

（二〇〇九年五月二四日掲載、原題は「〈サブリミナル〉……信頼踏みにじる無自覚さ」）

4　表現の自由と文化／宗教的制約

一一月二九日（二〇〇七年）、アフリカのイスラム国家スーダンの裁判所がテディベア（クマの縫いぐるみ）にイスラム教の預言者ムハンマドの名前をつけた英国人女性教員に禁固一五日と国外退去の判決を下した。英国政府はこれに抗議したが、その後の報道では、イスラム指導者らの仲介もあり、彼女は恩赦を受け、故国へ無事帰国したという。

この女性が勤務していた小学校七歳児のクラスで、みんなで作った縫いぐるみの名前の候補三つの中から一番人気のムハンマドが選ばれた。それが「偶像」崇拝を否定するイスラム教理によって批判されたわけだが、これについて、表現の自由に反するとか、イスラム社会では人名にもそれがしばしば使われているではないか、イスラムの「教理」は必ずしも偶像や絵を禁じてはいない……といった反発が出された。

だが、そうした意見はいずれも本質を衝いてはいない。今度のことで私の頭にすぐ二つのことが浮かんだ。一つは、二〇〇五年九月に、デンマークの保守系新聞『ユランズポステン』が応募作品の中から、ムハンマドの頭に爆弾を描いた風刺漫画を掲載し、イスラム国家との外交問題に発展した事件。これについては私も北欧諸国議会主催の国際会議に出席して意見を述べた。もう一つは、イラン革命のホメイニ体制から死刑宣告されたサルマン・ラシュディ著『悪魔の詩』（和訳は一九九〇年、新泉社刊）の訳者、筑波大学助教授（当時）が一九九一年七月、何者かに研究室で殺害された事件である。

キリスト教徒の十字軍遠征はイスラム教徒への残虐行為を伴ったものであったし、イスラム教の異端者への扱いの厳しさにも外部からの批判がある。日本でも長崎のキリシタン弾圧があるし、ミャンマーでは軍事政権による仏教指導者への抑圧やロシアにおける政治権力と宗教との関係にも問題がある。筆者がかつて訪れたアメリカ東部の町セーラムの博物館には異端者を「魔女」とし、牢獄に入れたり処刑した事実が再現されていた。

それぞれの時代の宗教理解の正当性／正統性が違う解釈を許さなかったということだが、少なくとも今日では、宗教に関わる事象の報道はどうあるべきかという国際的合意はほぼできつつある。国連機関の一つ、ユネスコのマスメディア基本原則宣言（一九七八年制定）には、メディアの使命は「国際理解の促進と戦争や社会的対立の除去」にあるとし、「民族や宗教、人種対立の煽動」を戒めている。人権としての言論・表現の自由はどの国の憲法でも触れているし、人びとの知る権利に奉仕するメディア活動の義務についてもジャーナリズム関連諸団体での合意はできている。

日本新聞協会はその綱領で、「新聞は報道・論評の完全な自由を有する。それだけに行使にあたっては重い責任を自覚し、公共の利益を害することのないよう、十分に配慮しなければならない」と述べる。ＮＨＫ国内番組基準は、「宗教に関する放送は、信仰の自由を尊重し、公正に取り扱う」とし、日本民間放送連盟放送基準には、「信教の自由および各宗派の立場を尊重し、他宗・他派を中傷、ひぼうする言動は取り扱わない」とある。

メディア関係者は言論問題が起きるとしばしば、表現の自由を持ち出す。また米中枢同時テロ事件直後から愛国的論調で力をつけてきたＦＯＸテレビニュースのように、「我われは素材を提供し、判断するのは貴方」というのもメディア企業による編集行為の事実を覆い隠すものだ。筆者の考えでは、社会の健全性と社会構成員の公益性（社会性と公共性）の維持を基盤にすれば、①名誉毀損、②プライバシーの侵害、③過度の性・暴力表現、④社会差別の助長、⑤虚偽情報、⑥物理的に他を抹殺する呼びかけ、⑦民族／人種／宗教対立等の煽動、⑧知的財産・著作権等の侵害、⑨盗作などの非倫理行為」などを責任あるメディア活動とすることはできない。

イスラム報道に即していえば、厳密な学問的レベルの議論は別にして、大半のイスラム教徒が嫌うことをあえて報道することがメディアの公正と情報流通の自由であるわけがない。スーダンの英国人教師に悪意はなかっただろうが、文化システムへの理解が不足していた。教育者とジャーナリストが心しておくべきことである。

（二〇〇七年一二月一一日掲載、原題は「表現の自由と宗教的制約」）

5　ノーベル平和賞と言論・表現の自由

二〇一〇年度ノーベル平和賞が二年前に民主化を求める声明「〇八憲章」を起草し、国家転覆罪で懲役刑に処されている中国の作家、劉暁波氏に授与されることが決まった。これは日本や欧米のマスメディアで、在ノルウェイの選考委員会への称賛となり、中国政府の言論政策への批判を増幅させている。

またこの一九日、国際ジャーナリスト組織「国境なき記者団」（本部パリ）が「世界報道自由度指数」を発表したが、対象国一七八のうち、中国は一七一位で、日本は一一位、自由の国を標榜する米国が日本よりも低い二〇位であることも話題になっている。私も現在の中国のメディア行政が強圧的で外部からの批判にも過敏すぎると思う。劉氏へのノーベル平和賞授賞は「中国の基本的人権確立のために非暴力の闘いを継続してきたこと」が理由とされ、氏が他の三〇三人の協調者と連名で出した前記憲章にも、「……覚醒した中国公民は自由・平等・人権が人類共通の普遍的価値であり、民主・共和・憲政が現代政治の基本であることを認識……」などと述べられている。

これと同趣旨のことは日本国憲法や日本新聞協会の倫理綱領にも書いてあるし、現中国政府も将来的にはこの憲章と同一方向の国家発展を目指していることが各種文献から読み取れる。とすれば、なぜに劉氏が懲役刑になるのか。現行の中国憲法の序文には、①共産党の指導、②マルクス・レーニン主義・毛沢東思想、③人民民主独裁、④社会主義の道」の四つの基本原則がうたわれ、現中国の言論の自由はこの範囲内での自由にすぎないからである。つまり、〇八憲章は現指導部への不同意表明で、その起草者へのノーベル賞授与は内政干渉だとの論理なのである。その背景には経済発展の恩恵が大都市と沿海地域に集中し、民族対立を含む深刻な格差問題があることはいうまでもない。

逆に、日米欧で高く評価される言論・表現の自由にしても、報道の自由がその地域の政情とメディア企業の経営状態に左右されていることも自明である。また国境なき記者団による評価も関係ジャーナリストからの回答に基づいているから厳密な意味での客観性があるわけではない。加えて、フィンランドやノルウェイなど一位に序された六カ国はすべて小国ばかり。つまり大国の国内秩序維持は国家機密の保秘を含め、かなりの言論統制がなければ今の所無理だというのが実情なのだ。

米国の場合、連邦議会の政策審議で基本データとして使われるCRS（議会研究調査）と呼ばれる資料サービスの一つに言論・表現・布教等の自由を保障した憲法修正第一条の「例外事項の研究」(〇九年発表)がある。そこでは猥褻・子どもポルノ・名誉毀損、法的根拠のない暴力の唱道、社会的に不当なビジネス情宣などとともに、それらが報じられるときの、①時間帯、②場所、③表現法などへの言及まである。報道の自由は健全な社会の維持のためだとのメディア哲学がそこにはあるわけだが、メディア学者としてこの問題を追究したヴァン＝アルスタインは公益性がなく、否定されるべき事項の最大のものとして「犯罪誘発的情報」を置き、以下「猥褻」「不当情宣」「中傷」……などを列挙、「政治」と「宗教」の諸活動には最大限の自由の幅を保障すべきだとした(一九九二年発表の論文)。

だが、ここでむずかしいのは一定の政治表現が国家にとって「犯罪的」とされる場合である。これが現在の中国で起きている矛盾だが、「宗教」についても中東のサウジアラビアなどでは自由の内実はイスラムの教えの範囲内のことである。米国では二〇〇一年の同時多発テロ事件以来、愛国者法が強化され、セキュリティの保障のためと称して国防情報のきびしい取り扱い規程が出来ている。また、イスラム教徒に対する差別事件もしばしば起きている。日本でも公務員法や自衛隊法などに情報漏洩を犯罪とする条項がある。

とすれば、言論・表現の自由の在り方はまず、民の幸せを促進する「自由で責任あるメディア」とは何かをメディア関係者が自主的に追究し、提起することによって議論の方向性を示さなければなるまい。国益と民主の相克を経済発展と政治的安定のためと言い換えているだけでは、今回もまた、水掛け論やガス抜き論のレベルで終わってしまう。
（二〇一〇年一〇月二七日掲載、原題は「ノーベル平和賞と言論・表現の自由論」）

6 「あるある大事典」問題再考

二〇〇七年一月に放映され、『週刊朝日』の追及によって発覚した「発掘！あるある大事典Ⅱ：納豆編」（関西テレビ制作、フジテレビ系列放映）の「やらせ」が大騒ぎになってから一年半が経つ。日本マス・コミュニケーション学会はこの六月七日（二〇〇八年）、名古屋の中京大学で開催した春季研究発表会で「『発掘！あるある大事典Ⅱ』をめぐる諸問題とテレビの質的向上」と題するシンポジウムを開催した。その目的は問題への認識を深め、学界とメディア界の交流を確かなものとし、未来に通じるテレビの在り方を考えることであった。

登壇者には当の関西テレビからコンプライアンス推進部長の大場英幸氏、TBS報道副本部長の金平茂紀氏、「あるある大事典」問題の外部委員で上智大学教授の音好宏氏、今回の事件を機に民放連（日本民間放送連盟）が発足させた放送倫理検証委員会委員で立教大学教授の服部孝章氏、そして司会を関西テレビ番組審議会委員長（いずれも当時の肩書）の筆者が務めた。

事件発覚直後の議論は下請けプロダクションによる捏造とそれを見抜けなかった関係者の責任……という議論が主流で、監督官庁の介入と社長の交代、民放連による処罰としての当該局の除名へと進んだ。しかしそれは形式的次元の問題で、テレビメディア全体と日本の社会情報環境に関わる深刻な次元に踏み込んだものではない。私自身はこの問題の発生が次の六つの次元から起きていると認識し、自省をしながら議論を進行させた。①日本社会を貫徹する原理は「天皇制」と「資本主義」で、言論の自由を標榜するメディアでもこれらを批判的に扱う番組は作れず、今回の事案は製作体制が後者による利益第一主義の犠牲になっていること。②広告主・広告会社と民放企業の利益が高視聴率の獲得で一致し、チェック体制が機能しにくいこと。③放送関係者に倫理感と社会的アカウンタビリティ意識が薄いこと。④メディア学者・評論家の多くが問題を先送りにしていること。⑤メディア間できちんとした相互批判がないこと。⑥その結果としてオーディエンスの大半がメディアの現状に疑問を持つことがむずかしい状況に置かれていること。

日本のテレビは一九五三年のスタート直後から、「低俗番組」批判にさらされてきたが、当初からテレビ局設置の指針には「世界に冠たる教育テレビ体制」の構築が謳われ、実質的にも劣等とはいえない（佐藤卓己『テレビ的教養』）。また番組審議会の設置を提案したのはあの田中角栄氏（一九五八年当時の郵政大臣）で、テレビの低俗化の防止と言論の自由の両立の保障のためであった。

だが、形式だけでは中味の向上は期待できない。放送が総務大臣による免許事業である以上、医者や弁護士と同様、それは付託されたプロフェッショナル（専門職業人）のみができる仕事であり、視聴者が望むからだという「顧客＝受容者責任の原理」（caveat emptor）を持ち出すことは許されない。民放連会長が数年前、「テレビは外の仕事で疲れた人たちに慰安する娯楽を提供しているし、視聴者もそれを楽しんでいる」といった。確かに世論は大衆の多数意見だという考え方もあるが、そうした愚民政策はもってのほかである。

最初に世論を学問的議論の対象にしたフランスのガブリエル・タルドは群衆を動物的感覚で動く非理知的な存在とした（一九〇一年刊『世論と群衆』、和訳は未来社刊）。『世論』（原著は一九二二年刊、岩波文庫）を書いた米国のウォルター・リップマンも、「公衆の実態とは傍観者の無原則な集合体」（一九二八年刊『得体の知れない公衆』、和訳は『幻の公衆』柏書房刊）であるとした。だが、彼ら二人はどんな傍観者＝群衆にも知的な面があり、どんな「知識人」にも傍観者的側面、無知な分野があるということ、さらには人間には誰しも自分の住む社会の建設に自ら参加する権利と義務があるということを理解していない。テレビ関係者によるプロフェッショナリズムの自覚、そして彼らが市民＝オーディエンスと協力してその能力を生かせる番組評価基準とメディアの経済システムの社会的構築をすること以外にテレビの質的向上はあり得ないということだろう。

（二〇〇八年六月二五日掲載）

7　盗作と創造性の間

五月一日（二〇〇九年）、盗作「疑惑」で騒がれていた、中村克著『最後のパレード』について出版元のサンクチュアリ・パブリッシング社が当該本の回収を発表した。著者が働いていた東京ディズニーランドでの心温まる話を集めたと宣伝され、三〇万部以上の販売部数を更新中であったのだが（オリコン調べ）、社団法人「小さな親切」運動本部がはがきキャンペーン作品を盗用されたとして発売停止を求め、その他の収録ストーリーにも他人の著作の引き写しないしはそれに近いものがあることが判明したから、版元の措置は著作および著作者保護の規定である著作権法からいっても当然である。

私自身、『メディア用語基本事典』（世界思想社刊）という小事典を編集しているが、著作権（コピーライト）には著作者のアイディアとその創造性を保護する面と、一般利用者の情報活用利益を軽視したビジネス上だけの利権確保という面がある。昨（二〇〇八）年、作曲家の小室哲哉氏が著作権売却をめぐる五億円の詐欺罪で大阪地検特捜部から起訴され、有罪となったが、この事件はすでに他者に譲渡した自作音楽の「著作権」を再度別の人に売った一種の詐欺である。しかしこの場合はどこまでいっても音楽そのものは小室氏の作品であり、『最後のパレード』のような無断盗用とは位相を異にする。

問題が分かりにくいのは、①情報のビジネス展開と創造性、②著作者の権利とその社会的有効利用が混同されている面があるからである。もっとも今でこそ、著作権という言葉が日常用語化しているが、メディア史的には著作権の法的議論は近年になってからにすぎない。日本の場合、一八九九（明治三二）年に制定された著作権法（旧法）が最初だし、国際的にもその一〇年ほど前のベルヌ条約（一八八六年）に関連して出てきたものである。それ以前の著作物の多くは宗教や権力批判との関連で問題とされ、著作は権力側による検閲との緊張関係を持っていた。また、それまでの著作者たちの多くがパトロン（貴族などのスポンサー）から生活の糧を得ていた。

半面、言論・表現・情報の自由との関連で著作権が強調されすぎると情報の社会的公益性がないがしろにされやすい。現行の法規定ではたいていの著作物は五〇年間の保護を基本とし、関係者の合意などで、保護期間や利用条件が決まる。だがそうしたビジネスに政治が入ってくる場合がある。ハリウッド映画や大手企業が開発したパソコンソフトの場合がその典型で、売れる著作物の失効条件が近づいたりするといろんな理由が付けられ、業界と国家利益が連携した権利の延長が図られる。そうしたやり方が強者による貴重情報の独占だという批判となり、その撤廃を主張する「コピーレフト」（「ライト＝権利もしくは右」の反対の意）という運動が起きている。

日本の場合にもいくつかの混乱がある。一つはインターネット上の、「最後のパレード」は一般的な感動物語りだから騒ぐことはないという議論。だが、感動物語であろうとなかろうと、他人の著作を自分が創造したと偽ってはいけない。かつてベストセラー『一杯のかけそば』（一九八七年）が実話ではなかったという点、さらにはその著者が後に寸借詐欺容疑で逮捕されたことが週刊誌による作品批判となり、国会でも同趣旨での質問がされた。たしかに、ありもしない話を実話であるかのように売るのは倫理にもとる。しかしそれはあくまで著者と出版社の「倫理」の問題であり、感動を経験したい読者に「創作」を提供することに法的問題はない。さらに、テレビのワイドショーの定番の一つが新聞や週刊誌記事の紹介とそれらへのコメントだが、それらの多くの場合、テレビ局は新聞社などに「著作利用」への謝礼を支払い、自社取材の手間を省いている。しかしそうした手法が情報収集と判断力劣化の原因となり、新たな問題を作り出している。今、著作権に関して社会全体として問うべきは、創造性に対し経済的にも敬意を払いながら、権利の独占を許さず、まっとうな人間の生き方が保障される社会情報環境をメディアはどのよう構築していけるかということである。

（二〇〇九年五月一〇日掲載、原題は「盗作と創造性の間〈最後のパレード〉回収問題から」）

8 「中立公正」報道という幻想

メディア・ジャーナリズムに関する議論において、「中立」や「公正」あるいは「客観性」や「不偏不党」はプラス価値をもった情報送出の「姿勢」である。だからこそ、日本新聞協会の倫理綱領や放送法などでもそれらがキーワードとなっている。しかし、この分野の専門研究者や現場の実務者たちの中ではそれらが実際に存在すると考える人はまずいない。

理由の第一は、いかなる情報も個人（記者・著作者）や組織が選択、編集してから提供される、つまり数あるテーマ、事象の中から取材者側がまず選択し、評価したものだからである。分かりやすく言えば、小中学校の算数／数学のレベルでの約束事のような共通ルールをあてはめて進行させる作業以外では「何らかの立場」が「見えない形」で働いており、「不偏不党」等の実現は理論的にもむずかしい。第二は、メディアの現場には実務者たちが自分の希望や正義感によって仕事が出来る環境が必ずしも保障されてはいない。つまりメディアにも一般企業のいう自由市場主義の内実と同じ類の「しばり」があるということである。

この点での私たちに必要な知識は、メディアの自由とは「誰による、誰のための、どこまでの自由」なのかだ。それが民主国家を標榜している国のメディアの「自由」の実態なのである。日本の新聞を例にすれば、元日本マス・コミュニケーション学会会長の有山輝雄氏が実証しているように（『「中立」新聞の形成』世界思想社刊）、「不偏不党」や「中立」という言葉は一八八〇年代にそれまでの政党機関誌と区別するために唱えられるようになったものにすぎず、当時の朝日新聞などは内閣機密費から、それこそ「密か」に資金援助さえ受けていた。大阪毎日（毎日新聞の前身）なども、「不偏不党」や「中立」を装っていた。最近でも、実業（経済）の振興を発行の主要目的としながら、「不偏不党」や「中立」を装っていた。最近でも、読売新聞グループを率いる渡邉恒雄氏が自民党と民主党の大連立を画策したことは自他共に認めている。

この種のことはＮＨＫでも例外ではない。一〇月一五日（二〇〇八年）の参議院予算委員会で民主党の福山哲郎議員が、後期高齢者福祉と国際金融危機問題に挟み込むかたちで、九月一〇日の自民党総裁選告示日の午後七時のニュース時間を延長して、四五分もの総裁選候補の紹介をしたことの是非を質問し、ＮＨＫの今井義典副会長がそれに答えた。私は関係者から事前にその質疑について聞いていたからビデオ録画し、検証した（この項目は全四分一八秒）。翌日の継続放送と合わせ、五三〇件もの苦情電話などが寄せられたということを確認してから、福山氏は続いてこう質した。抗議の中に「〈やり過ぎじゃないか。その意図は何か〉というものがあった。それに対してＮＨＫの窓口が、〈意図はもう明白ですよ。自民党の総裁選のＰＲですよ。あたりまえじゃないですか。そんなことわかんないんですか！〉と答えたのは事実ですか」（発言のまま）。今井氏の答えは、「窓口の担当者がそのような発言をしたことは事実であります。ＮＨＫとしてはこの発言はきわめて不適切なものであると判断しました。言葉遣いを含めまして電話をかけてこられた方を不快にさせたものだと考えております……あらためて視聴者の皆さまにお詫び申し上げます」というものであった。

だが本当の問題はＮＨＫはこのようなことが起きるたびにこれまでそうした口先だけの謝罪で済ませ今回もそうしているということだ。ＮＨＫ職員のなかにもそうした実態に忸怩たる思いをしている人がいることが視聴者の救いだろうが、この種の情報送出法の歪曲が日常的なものだとすれば、その自覚による自主的な改革こそ求められる。さらには、国会でＮＨＫの責任者までその非を認めたのに民放や新聞がそれをあまり問題にしないのは同じ構造があるからなのか。今、上海でこの原稿を書いているが、中国ほどではないにせよ、日本でも同様のことが広く起きていることを示すものであり、言論・表現・情報の自由確保への敏感さが私たち国民の側にも欠如しつつあるのではないかと危惧せざるを得ない。

（二〇〇八年一〇月二九日掲載、原題は「中立は幻想なのか……報道の実情」）

9　主体的オーディエンスとテレビの衰退

メディア企業は顧客（想定視聴者集団）を仮想し、それらの人たちを満足させられるように情報を選択、編集して提供しようとする。この受け手＝送られ手集団がテレビでは視聴者、ラジオでは聴取者、新聞や雑誌などの活字媒体では読者といわれる「オーディエンス」である。

日本人の一日平均テレビ視聴時間は三時間三九分（二〇〇五年ＮＨＫ調べ）だが、とくに民放には放送法の規定する報道・社会教育機関としての側面と娯楽提供者という側面の併存がビジネスの死活的要素である。そのため、業界では「視聴率」なるものが一人歩きしがちで、それが高ければどういう内容であろうと王様である。それを唯一の客観的データとして、テレビ局は受けねらいの娯楽番組を大量生産してきた歴史がある。

日本のテレビ放送のスタートは一九五三年で、その視聴率調査を行うビデオリサーチ社がテレビ局と広告会社の協力により発足したのが一九六二年である。ところがこの絶対的な「王様」依存方式がビジネスになりにくい事態が今出てきている。一つは、テレビは見るが必ずしもそのＣＭ商品を購入しない、さらにはＣＭカット録画の利用、つまり広告による誘惑への免疫性を身につけた人びとが多くなってきたことである。もう一つは、コストカットで番組が質的に劣化し、ダジャレやワンフレーズで政治や社会問題が語られることが多くなり、ネットが普及した今日の社会情報環境のなかでテレビ提供情報への関心が低くなる。にもかかわらず、テレビ局側がそれに対応できずに困惑しているという事実である。

民放主要五社（東京放送・朝日放送・中部日本放送・RKB毎日放送・北海道放送）がそれまでの研究資料を『日本の視聴者』（誠文堂新光社刊）としてまとめたのが一九六六年。その続編（六九年刊）の序文には「テレビ視聴の実態、視聴をうながす番組嗜好を取りあげ……読者や広告主の参考」にしたいとある。つまり日本の視聴者研究は事業者利益のために始まり、その後の学者による研究もまたそれを踏襲（トウシュウ、麻生太郎総理はこれを「フシュウ」と読んだそうだ）してきたことは関連論文リストを見れば一目瞭然である。

これではオーディエンスはいつまでも「送られ手」のままであり、そうした研究動向に変更を求める学者が出てきても不思議ではない。その一人が長年にわたり世界のメディア学界をリードしてきたアムステルダム大学名誉教授のデニス・マクウェール氏である。氏は今秋（二〇〇八年）、世界の碩学との研究交流制度を図る同志社大学特別招聘教授として来日したが、その著『マス・コミュニケーションの理論』は版を重ね、一五か国語以上に翻訳されている。その業績の一つがメディアの社会的責任という立場からのオーディエンス理論であり、さる一一月六日（二〇〇八年）に開催された日本マス・コミュニケーション学会主催の研究会で主張したのがまさに「オーディエンスの主体性の復権」であった。

氏によれば、これまでの世界のオーディエンス研究は活版印刷登場以来、マスメディアへの注目をしてきたが、結局はメディアによる影響研究ばかりで、生活者としての市民が何をメディアに求めているのかということがないがしろにされてきた。古代ギリシャ・ローマ時代の演劇や闘技、政治集会には当局による出席の強制もあったが、イベントに関心のある市民が自発的にアゴラ（広場）に集まり、イベントの終了後に主体的な話し合いをするオーディエンスでもあったという。加えて、今日のコミュニケーション技術の発達はそうしたオーディエンスの復権を可能にしており、それに対応できない現在の基幹メディアはその立場を喪失せざるを得ないと予測している。

今、韓国言論財団主催のジャーナリズム会議でソウルに来ているが、飛行機の中で若者グループが「ＫＹって知ってる？」（筆者は空気が読めないことだと理解していた）、「それって、麻生首相のように漢字（Ｋ）が読めない（Ｙ）ってことよ」と言って笑いころげていた。漢字にはむずかしいものがあるが「未曽有（ミゾウ）」をミゾユー、「頻繁（ヒンパン）」をハンザツなどと、総理大臣が公式の挨拶で読み間違えたのは「マンガ脳」のためか、テレビ的ダジャレなのか。

（二〇〇八年一一月二六日掲載、原題は「主体的オーディエンスの復権」）

10 「誠信交隣」のジャーナリズム

一一月二四日から二八日（二〇〇八年）まで韓国ソウルのプレスセンターで開催されたジャーナリズム会議に出席した。韓国では新聞、放送、雑誌、ケーブルテレビ、インターネットなどすべてが文化体育観光部（省）の管轄下にあり、今回の会議はその外郭団体で、メディアの研究と振興のための財政援助などをする言論財団とドイツのコンラド・アデナウアー財団アジアメディア振興プロジェクトが共催し、韓国海外文化広報院が後援した。基本テーマに「アジアの平和と繁栄、そしてメディアの役割」を掲げ、日中韓の他にインドネシア・カンボジア・シンガポール・タイ・ベトナム・マレーシア・モンゴルの計一〇か国のジャーナリストや学者が、各国のメディアの現状とメディアの作る外国イメージについて討論した。

そこでの合意は、人びとが個人の努力では解決し得ない葛藤に翻弄されない状況の改善に情報面から貢献することがメディア／ジャーナリズムの主要命題のひとつだということであった。戦争観でも国家間に戦争がない状態をもって「平和」だとする単純思考での理解は少なくなっているし、事件でもセンセーショナルな報道とその消費のサイクルが続き、それに満足しない人びとが新聞やテレビから逃げ出しはじめている。

今回の会議でも言論財団邊龍植代表は、メディアは差異を強調するのではなく、事実に基づき偏見を乗り越え、人びとの共通理解の基盤を作ることが必要になってきたと冒頭挨拶で述べたがうなずけるものがあった。それはメディアが主体性を持って世界観・社会観を提示し、受容者の側に誤りがあれば、積極的なキャンペーンを行うべきだとの提言でもあるが、期間中に意見交換する機会のあった海外文化広報院長の柳珍桓氏にもその考えは共有されていた。氏は「独島」（日本名「竹島」）の件など、日韓の間には問題があるが、人びとの感情はかつての「冬のソナタ」（韓国KBS二〇〇二年制作、日本では〇三年NHKのBSが放映）のような形、あるいは観光訪問の増加などによってナショナリズムが暴発しないようにすることがメディアの役目だろうと語った。

どの統計を見ても、日本でいちばん評判の悪い外国は北朝鮮である。一二月六日に内閣府が発表した「外交に関する世論調査」でも、この国への関心項目の上位五つが、「日本人拉致問題」（八八・一％）、「核問題」（六九・九％）、「ミサイル問題」（五一・五％）、「政治体制」（四一・二％）、「脱北者問題」（四〇・四％）とマイナスイメージを導くものばかりである。私自身も一九七六年のアジア卓球選手権に際しての初訪問時に、帰国した「在日朝鮮人」から親元への手紙をトイレ内で頼まれ日本に持ち帰ったという経験があり、この国の言論統制の異常さには早くから気づいていた。また、日本のメディアだけに接しているとわかりにくいことのひとつが韓国人には北が外国人から批判されることを好まないという同胞意識もある。
中国や韓国も日本人の嫌いな国の上位を占める。ところが中国では日本と韓国が嫌いな国のトップを争い、韓国では日本が嫌いな国の一位で、二位が中国だ。近隣であれば、日常的に利害の対立が起こるからそれは不思議ではないが、メディアによる対立面の強調がそれを拡大しているとすればやはり問題であろう。私はその是正のための具体例として二〇〇七年度に韓国の公共放送ＫＢＳプサンと日本のＮＨＫ大阪がそれぞれの立場からの朝鮮通信使を描き、放映した事例を紹介した。通信使とは徳川将軍と国王が互いに国書を交換しあうメッセンジャーで、対等の友好国としての交流の証しであったが、慶長一二年（一六〇七）の第一回には豊臣秀吉軍が連行してきた陶工や技術者、労務者などの捕虜を連れ帰る「刷還」もその目的の一つとされ、実際一〇〇〇人以上が帰国した。そうしたことを現在の滋賀県出身の儒者、雨森芳洲（一六六八～一七五五）は後に「誠信交隣」（外交の基本は真心の交わりである）と名づけ自らも実践した。韓国でもこの一年、インターネット情報の信頼度が極端な低下を見せているが、情報ネットワークの発達したこういう時代にこそ、芳洲の精神は世界のメディアが共有すべき基本哲学であらねばならない。

（二〇〇八年一二月一四日掲載、原題は「ジャーナリズムの基本は〈誠信交隣〉」）

11　取材源保護と公益情報の開示

このところ、メディア関連の不祥事が新聞の一面やテレビのヘッドラインになることが多い。この三月（二〇〇九年）に社長の辞任をもたらした日本テレビ「真相報道バンキシャ！」による岐阜県庁裏金誤報（〇八年一一月二三日放映）、『週刊新潮』による朝日新聞連続襲撃事件（一九八七年）の実行犯手記誤報（〇九年二月五日号から四回連載、四月一六日発売号で謝罪）、それにこの一五日に奈良地裁で秘密漏示罪（刑法一三四条）で懲役四ヶ月執行猶予三年の有罪判決のあった医師宅放火殺人事件に専門家鑑定人として関わった精神科医崎濱盛三氏による供述書の開示とその取材「ジャーナリスト」などである。

「バンキシャ」問題は現在のテレビ報道関係者の情報判断力の減衰が主たる原因だ。新潮の場合にはそれに加え、同誌創刊に深く関わった斉藤十一元新潮社取締役（一九一四〜二〇〇〇）による、人間の行動は「金と色と権力の三欲がモチベーションの基礎となっており、その三欲に駆られる人間模様を文芸として描く」（齋藤美和『編集者　齋藤十一』冬花社）ことの常套化がその背景にある。つまり同誌はその自認のように（新潮社編『「週刊新潮」が報じたスキャンダル戦後史』）ジャーナリズムではないが、対外的にはそのふりをしているから始末が悪い。その点では、奈良の事件はその社会性とともに、現在およびこれからの日本の報道ジャーナリズムのあり方に大きな影響を与える要素をいくつも持っている。

現在の日本で起きている殺人事件のおよそ半数が家族間のトラブルに起因しており、この事件も父親に不満をもつ少年が自宅に放火し、家族三人を焼殺したとされる。その意味では現代日本の病理の典型であり、同種事件の根本的解決を目指すためにもその真相究明が必要である。しかし少年の精神鑑定を担当した医師は検察側が「事件」内容を勝手にリークして作りあげているという不満を持ち、専門鑑定人として知り得た供述調書のコピーをフリー記者である草薙厚子氏に見せてしまった。それを基に書かれた本『僕はパパを殺すことに決めた』(講談社刊)には約束に反して調書そのものが大量に引用されたため、精神科医の行為には法的に「正当な理由がない」として有罪とされた。加えて記者は情報源を明らかにしてしまい、出版社はその結果が予測できたのに販売促進のためにそうした書き方をそそのかしていた。

報道に携わる者はオーディエンス(読者・視聴者・市民)の利益＝公益のために出来るだけ多くのことを知っておく義務と責任があるが、その開示にあたっては、ジャーナリストのプロフェッション(高い見識と倫理性をもった専門職業性)を意識した行動を要請される。その点で草薙氏と講談社に弁解の余地はなく、判決日の両者による見解表明に「正当な言論・表現活動を認めない不当な判決」とあるのはそらぞらしい。同時に当該情報が警察と検察に独占され、両者の都合でその一部が外へ漏らされる（＝リーク）ことが日常化し、事件さえ作られている現状にも筆者は危険を感じる。

大事なのは、社会の真実はどうしたら知ることができるか、そのために直接の関係者とメディアは社会の浄化と健全化、透明化のために何をし、何ができるかということである。正すべきことはたとえ組織原則に反しても社会に知らせることが優先されるという原理は公益通報者保護法（内部告発者保護法、〇四年六月）で私たちはすでに確認している。もちろん、あらゆる法律は制定時に多数の賛成があったものにすぎないから、時代が変わればその逆転はあり得る。そのことは第二次大戦時の日独伊の政治体制の多くの部分が今否定されていることからも明らかである。別の言い方をすれば、崎濱医師が真実を知らせようとした行為に方法としての拙劣さがあったこと、またそれを現行法を無視して公表した作家と出版社の意図的過誤をいくら批判してもかまわないが、権力による情報の独占、しかも誤った「情報漏洩」が横行し、日本の少年犯罪の誤解、はては私たちの社会認識の誤りを作り出しているとすれば、この判決が私たちに教えていることはじつに深刻なのである。

（二〇〇九年四月二六日掲載、原題は「取材源の保護と公共情報開示の倫理」）

12　制度疲労を起こしている「記者クラブ」

民主党が実際に政権担当してみると選挙前に約束したマニフェスト（政権公約）の実現のための障害の多さに苦しんでいる様子が連日メディアで報じられている。選挙中の約束は合理性のある範囲で守ってもらわないと困るが、つまずきの一つに閣僚の記者会見の開放、いわゆる記者クラブ制の撤廃問題がある。

記者クラブは日本独特の制度だとして英語でもkishakurabuと書かれることが多い。外国からの特派員や外国のメディア学者たちがほぼ例外なく批判的に言及しているのが首相官邸や官公庁、地方自治体、経済団体などに常設され、メディア企業ジャーナリストが組織している「記者クラブ」の閉鎖性である（フリーマン『記者クラブ』緑風出版など）。

長野県や鎌倉市ではすでに組織的に改変されたが、いまも多くの場でクラブ側が主催する記者会見には加盟社（者）でないと「原則」として出席や質問はできないし、相手から便宜供与される記者室などの施設も通常は利用できない。そこで配布される資料なども入手困難である。その結果、取材社（者）と情報提供側との「なれ合い」が生じ、相手内部の不祥事を報道しにくくなるばかりか、仲間内での情報管理のカルテル化の弊害が指摘されてきた。また、

EU（欧州連合）や在東京の外国人特派員協会などからも改善要求がたびたび出されてきた。

筆者の見るところでも、それらの批判には当然の部分が多い。一方で、強大な国家権力に立ち向かうには報道機関同士の連携が必要で、記者クラブはその有効な手段でもあった。一九七二年に佐藤栄作首相（一九〇一〜七五年）が新聞批判を展開したときには新聞社は結束して対処したし、現在のように新聞社もテレビ局もコストカット（経費削減）で四苦八苦しているとき、誰が聞いても同じような広報情報、たとえば天皇や首相、内閣の儀礼的行事などは代表を選び、その代表が聞いて他社に伝えれば十分だ。

その一方で、記者クラブ的取材法はオフレコ情報が報道機関内部で縦割り的に秘匿されるという行政組織と類似の弊害をもたらしているし、執権者のお気に入り記者が重用され、権力側との癒着の進行するケースもこれまで多くあった。しかし、民主党の場合は、野党時代から鳩山由紀夫首相、岡田克也外相、小沢一郎幹事長（いずれも当時）などが政権を取ったら記者会見を全面開放すると「公言」してきた。だが、各所からの抵抗が強く、閣僚会見の多くが従来のままである。さらには、新政党代表幹事だった一九九三年の細川政権当時に、「記者会見はサービス」とした自身の発言について小沢氏が再び説明し、「サービスとは奉仕することであり、公務員は国民にサービスする義務がある。会見は好きではないがやらなきゃいけないからやっている」と揶揄的に述べたことで、議論が一層紛糾してきた。

雑誌や市民ジャーナリストにも開放すべきだという意見に対し、大手メディア側からは外相に日本外交についてただしている横から「酒井法子の覚醒剤疑惑をどう思うか」などと週刊誌記者が聞けば混乱する、出席者のチェックなしで要人のセキュリティは保障できるのかといったクラブ擁護論などもささやかれる。記者クラブ制度が抱えるいずれの問題点も、個別の対応では効果的な方策とはなりにくい。また要人の取材を無条件にしている国は世界中どこにもない。だから私たちが検討の前提とすべきは、①今や新聞と放送だけではなくインターネットを含む総合的な情報ネットワークが社会環境を形成しているという事実、②情報には日本で暮らすためには最低限知っておくべき公益性のある社会情報＝「公共知」と、娯楽を含むその他の情報の二つがあり、前者は記者クラブ的システムで同報した方が間違いが少ない、③社会にどのようなシステムを作ってもそれに見合う道徳的・倫理的水準でそれを運用できる人が多くいなければ、報道機関だけに質的向上を求めても無理だ―ということである。民主党がマニフェストのベースとした政策集「インデックス二〇〇九」に記し、二〇一一年を目指して検討を始めた通信・放送委員会にしても、その目的条項は現行の放送法にある「放送の不偏不党、真実及び自律を保障することによって、放送による表現の自由を確保すること」と類似のものにならざるを得ないだろう。

記者クラブ問題でも、私たちはどのような暮らしを目指し、そのためには市民とのどのような「社会的情報交換システム」がもっとも有効なのかという視点からの考察がまず必要なのである。（二〇〇九年一〇月二五日掲載、原題は「公共情報の周知と記者クラブ制の在り方」）

13 ドキュドラマ化された神戸地震報道

日本でもっともおしゃれな都市の一つといわれ、夜景の美しかった神戸とその周辺の市民生活を一瞬にして破壊した阪神淡路大震災から今年（二〇一〇年）で一五年。兵庫県淡路島を震源とするマグニチュード七・三の地震が発生した一月一七日を挟み、テレビ各局は特別番組を放映した。死者が六四三四人にのぼり、一〇〇万人以上が避難所生活を余儀なくされたのだから特別番組の制作は当然だが、その中でも今年はフジテレビ系「神戸新聞の七日間～命と向き合った被災記者たちの闘い」（一月一六日放映）が特に目をひいた。

番組は、震災当日の実写フィルムと実際に現場を取材した記者たちへのインタビューに、ドラマを組み合わせた「ドキュドラマ」（ドラマ仕立てのドキュメンタリー）という手法で制作されており見事なできばえであった。

三宮駅前の本社ビルが全壊し電話二台を残して通信機能が不全となった地元紙、神戸新聞を舞台に、現場記者らの苦悩と葛藤を描いたものだ。編集コンピュータがやられ新聞の発行断念が現実味を帯びる中、山根秀夫編集局長の下に結集した記者やカメラマン、校閲や割り付け、印刷担当者らの当時の体験の語り口と物証を随所に使いながら、緊急時の相互援助先である京都新聞の協力を得て新聞を発行し続けた記者たちの頑張りが感動的であった。

死者を撮って怒鳴られる写真記者、足から血を出しながら編集用コンピュータを借りに京都に向かう担当者たち、思いを共有しそれに必死で応える京都新聞の面々……。特に緊急時におけるメディアと情報の大切さが、ジャーナリストたちの不屈の魂によって支えられていることがよくわかり視聴者の心を大きく揺さぶった。視聴率も関西地区で一九・三％、関東地区で一五・三％（ビデオリサーチ調べ）と高かった。ジャニーズの「嵐」の桜井翔や人気女優が起用されたことも高視聴率の一因だろう。だが、このまじめな震災番組が視聴者を引きつけた主な理由はそこにあるのではない。

危機は多くの美談や奇跡を生み、人も通常であれば考えられないような力を発揮し、助け合い、涙の物語が生まれる。しかし、この番組にはそれ以上のものがあった。災害時においてメディアと情報の円滑な流通を社会的に支えることの重要性が描かれていたと同時に、メディアと社会が信頼し合うことで希望の灯が見えたことを視聴者が体感したからである。

筆者は当時、ＮＴＴ労組のアドバイザーをしていた。地震発生四日目に通信手段の確保に寝食も十分確保されていないなか、職員が懸命に復旧作業に励む現場を訪れた。西宮北口駅から三宮駅まで液状化した道を徒歩で六時間、倒壊した高速道路と家々が続き、体育館などに収容されたが棺が間に合わず、遺体が毛布の下で硬直していた。寒空吹きすさぶ川べりで若い母親が赤ちゃんのおむつを洗い、道路の割れ目からわき出る水をすくって飲んでいる人もおり、まさに原始時代に戻ったようであったのを忘れることができない。そうした大災害発生直後にまず求められるのは、食料と水、そして正確な情報である。日本ではこの年、インターネットの商業利用が始まり、携帯もかなり一般化していたが通信過多と停電、充電不可等で使えなかった。テレビはどこの家庭にもあったが、停電で映らず、避難所では手動で印刷した医療対応や食糧確保の張り紙が役立っていた。そうした中、神戸新聞社は災害を見越して前年に京都新聞社と結んだ相互援助協定のおかげで震災当日の夕刊も休まず制作、配達し、絶望のふちにある被災者たちを勇気づけた。

それまでのテレビでは「巨大地震が襲ってくる!」などといって占い師を呼んで解説させるといった「有害」エンタテインメント番組が放映されてきた。ドキュメンタリー番組の一部にも中味が希薄なのに演出が過剰なものがままあるが、今度のフジテレビ系特別番組はメディアの従事者の心理的機微まで浮き彫りにし、一般向けだけではなく、ジャーナリスト志望者への応援歌ともなっていた。メディアの経営的危機の時代にジャーナリズム教本の名作が出てきたことに希望を与えられた。

（二〇一〇年一月三一日掲載、原題は「震災〈ドキュ・ドラマ〉フジが新機軸」）

14　朝青龍引退をめぐる報道の危険

二月（二〇一〇年）に入ってメディアの大きな話題は、民主党の小沢一郎幹事長による政治資金規正法違反容疑とモンゴル出身の元横朝、青龍関の傷害事件に関わる引退問題の二つである。前者は、その政治的師匠である田中角栄元首相（一九一八～九三）と金丸信元自民党副総裁（一九一四～九六）の収賄・脱税疑惑に連なるもので、メディアと報道機関の政界／情報源との癒着問題としても検討する必要がある。だが、後者では、モンゴル外務省が自国民の「憤り」を沈静化するための声明まで出すほど日本の報道は一方的で酷かった。

傷害事件については、被害男性が直後に麻布警察署員に訴え、のちに診断書を警察に提出し、朝青龍側も和解工作によって収拾をはかったとされるから、「傷害行為」そのものの有無は明白だ。しかし、横綱審議会が引退勧告を出し、相撲協会も朝青龍に「引退しなければ解雇」と迫ったことが、日本国内でもモンゴルでも相当な議論を呼んだ。日本では朝青龍本人のこれまでの行状や「品格」に加えて、親方の指導や協会の営業第一主義などが突然表面化してきた。被害者とのあいだに和解が成立しても、傷害とそのもみ消し行為の犯罪性は横綱の持つべき「品位」にはふさわしくなく、その責任を問われることには合理性がある。商業メディアが急に品行方正になるはずがないが、問題はこんどのことが飛躍解釈されて、日本とモンゴル（日蒙）の関係や両国の文化摩擦となって悪い影響を残してしまうことにある。テレビ報道や新聞各紙によれば、実際、五日のモンゴルのメディアは日本相撲協会の今回の措置に批判的な立場から出来事を報じた。しかし、朝青龍の行動に問題があったとの指摘はほとんどなく、「（日本相撲協会は）優勝回数記録を外国人に破られるのを恐れていた」、「モンゴルのテレビは日本の大相撲中継を止めろ」などの主張が目立った。さらに、「（弟の）迫力ある相撲を嫌がる一部の人たちやマスコミの攻撃で引退に追い込まれた」との朝青龍の兄の談話まで伝えられた。インターネットには「日本とは国交断絶だ」といった過激な書き込みまであったという。そうした反応に対し、同国の外務省が即座に「両国の関係発展を希望する」との声明を出し、この件での国民感情の高まりを抑制する配慮を見せたことは好ましい対応であった。

筆者の体験でもモンゴルは都市部を除けば、今でも緑の平原が続き夜には満天に星が輝く美しい国である。そのせいもあるのか、日本では源義経（一一五九年〜八九年）が彼の地に逃れ、チンギス・ハーンという指導者になったという本まで出ているが、それはもちろん虚説である。だがこの国は北からはロシア（旧ソ連）、南からは満州族や漢族（中国）に挟撃され、日本の敗戦直前にはソ連の独裁者スターリンに促され対日参戦し、一万二〇〇〇人の日本軍将兵らを抑留し強制労働させた歴史もある。一九九八年八月三一日、筆者は二回目のモンゴル訪問で首都ウランバートル郊外にあるダンバルジャ日本人墓地を慰問に訪れ、そこからカラコルムへ向かう途中、ゲル（遊牧民のテント）で一泊した。夜、馬乳酒を酌み交わし現地の一家と談笑したが、当時のモンゴルは旧ソ連の衛星国家で、その教育を受けた若い人たちは領土を奪われたと中国やソ連のことを悪く言っていた。が、その日に北朝鮮が日本方面に飛ばしたミサイルには批判的ではなく、複雑な感情をもっていた。ただ年配者は自らの体験から、日本には好意的であった。日本による満州国の建国が中ソとの政治力学的対抗上、モンゴル民族にとって好ましい面があったという史実があるからである（田中克彦著『ノモンハン戦争―モンゴルと満洲国』を参照）。

民族に共通した歴史的感情を「集合的記憶」（フランスの社会学者、M・アルヴァックスの造語）というが、現代のそれは、①家族の語り、②自己体験、③教育、④メディア報道といったものによって形成される。学校を卒業して社会に出れば、メディアがいちばん大きな影響力を持つ。対立をあおることは民族の団結に役立つから政府も黙認することも多いが、危険な方向に向かうこともある。報道関係者には、慎重な対応を忘れないでいただきたい。

（二〇一〇年二月一四日掲載、原題は「対立あおる報道の危険」）

15　つかこうへいさんが示した演劇の力

七月一〇日（二〇一〇年）、劇作家、つかこうへい（本名、金峰雄）氏が逝ってしまった。つかさんは、一九七〇年代、高度経済成長期日本の演劇界に彗星のように表れ、ブロードウェイ型のきらびやかさや劇団四季的な現状肯定型表現芸術とは色合いを異にする、哀しさの中に希望の灯りをともせる革命児として生きた。

筆者は一九九一年、ある月刊誌（『世界』六月号）で、その前年の自己省察小説『娘に語る祖国』について氏と対談したのを機に、七作品に解説を書き、種々の意見交換をしてきた。岸田戯曲賞を受賞した出世作『熱海殺人事件』（一九七三年）では、晴れた日には韓国が見える五島列島から集団就職で出てきて、身体を売るようになった同郷の幼なじみ愛子（韓国語のアイゴー／恨を連想させる）を絞殺した若者、金太郎（韓国人プロレスラー大木選手をだぶらせた名前）に刑事が協力し、胸はって絞首台に立てる殺し屋を作りあげるという逆転の発想を見せてくれた。

劇作家としてのつかさんは、起用した役者の魅力を最大限に引き出せる「口立て」（その場でベストな台詞を言わせる方式）で稽古をつけ、松坂慶子、内田有紀、広末涼子、石原さとみ、黒木メイサといった女優を大化けさせた。さらに、「人っちゅうもんは幸せになるために生まれてきたんじゃ（『龍馬伝 決死編』一九九三年）といった強烈なメッセージで、老若男女、民族、国籍を超え、権力的行為と思考への多くの不服従者を作り出した。

細川護熙元首相は先祖代々、記録を大事にしてきた例として、家宝の日記には、「忠臣蔵の元禄一五年一二月一四日は（雪ではなく）曇」だと記されていることを紹介している（『内訟録』日本経済新聞出版社刊）。芝居では討ち入りが雪の日とされているが、それは「劇的」な創作による間違いであるとの指摘である。今年（二〇一〇年）のNHK大河ドラマ「龍馬伝」にしても、研究者たちはその時代考証のいい加減さをあげつらうが、つか版『龍馬伝』三部作（角川文庫）はそれ以上にハチャメチャだ。しかし、つか版の真骨頂は、自らの筆名を後ろから読むと「いつか公平」となるように、エンタテインメントの奥底に社会的不条理是正への思いが込められているところにある。それは、「大事なのは愛とデモクラシーとフリーダムじゃ！」という龍馬の叫びの中にある。忠臣蔵でも「忠臣による主君の仇討ち」という筋さえまともであれば、あとは演劇の許容範囲だということで、大事なのは中味の方向性なのだ。

つかさんの母親は貧しさのため学校に行けず、漢字が読めなかったから、後にそれを恥じ、小学校で学び直そうとしたが、つかさんは周囲の人に恥ずかしいからやめてくれと母を止めた。そのため、漢字が読めないままの母親が書店で息子の作品が識別できるよう、ペンネームを平仮名にしたという。つかさんの演目のいずれにも、余韻にひたり、忘れられないフレーズが必ずある。今年二〇一〇年二月に新橋演舞場で演出した「飛龍伝 ラストプリンセス」では主演の黒木メイサに「女心男心一つ救えず、なぜに国家が救えます」というしびれる言葉を吐かせた。妻、直子さんと自身の本名、峰雄から一字づつ取って名づけた娘、みな子さんの美しいひとみの中に祖国を見たつかさんは、「人生とは、何をはしたなく思うか、恥と思うか、それだけです。恥のない人間は、日本人だろうが韓国人だろうが、クズです」(『娘に語る祖国』)と、誰の胸にも突き刺さることばを刻んだ。

だから、つかさんにとって、自らを「民族の太陽」とか「比類なき天才」と呼ばせている北朝鮮の金正日氏がたまらなく恥ずかしい存在であった。小泉純一郎元首相訪朝による拉致問題の解決が暗礁に乗り上げた頃、自ら一〇〇〇万円用意し、それを基に各方面の協力を得て、金氏の空威張りを変えさせる方策を考えていた。金氏を嫌うだけでは六五〇〇万のコリアンと一億二千八百万の日本人の中で泣く人が増えるばかりだという。つかさんらしい発想とアクションであったが、国民世論を気にする大組織や団体が現実に動くまでにはいたらなかった。

稽古場はもちろん、歩きながらもタバコを手放さなかったつかさん。享年六二歳。死因は肺がんであった。祖国の見える対馬の海での家族による散骨が遺言だという。死してなお、日本と朝鮮半島を結ぼうとするつかさんに、謹んで哀悼の誠を捧げる。合掌。

（二〇一〇年八月一日掲載）

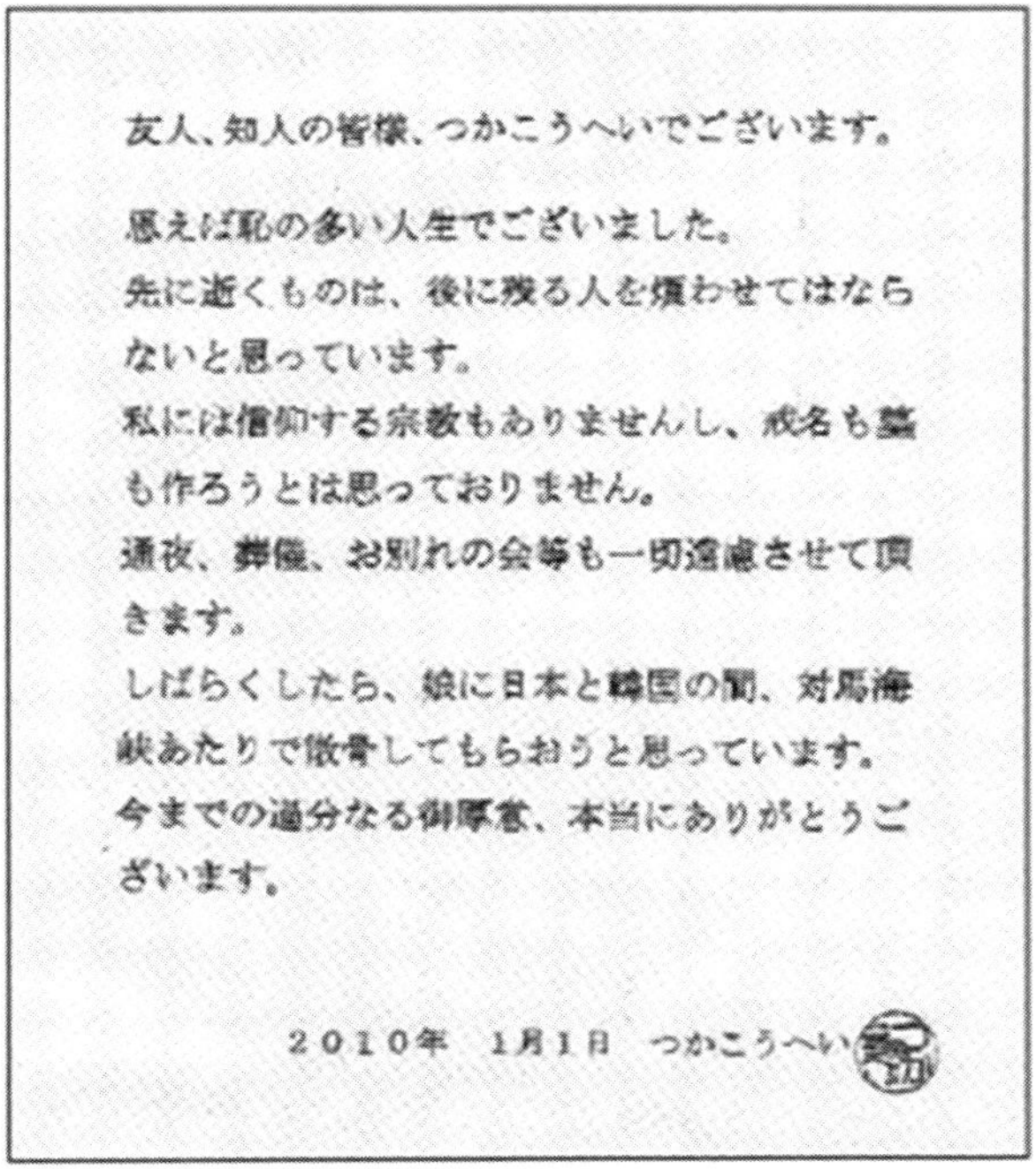
友人、知人の皆様、つかこうへいでございます。

思えば恥の多い人生でございました。

先に逝くものは、後に残る人を煩わせてはならないと思っています。

私には信仰する宗教もありませんし、戒名も墓も作ろうとは思っておりません。

通夜、葬儀、お別れの会等も一切遠慮させて頂きます。

しばらくしたら、娘に日本と韓国の間、対馬海峡あたりで散骨してもらおうと思っています。

今までの過分なる御厚意、本当にありがとうございます。

2010年　1月1日　つかこうへい

16　ＢＢＣ番組、日本人二重被爆者を嘲笑

昨年（二〇一〇年）末の一二月一七日、日本のＮＨＫにあたる英国放送協会（British Broadcasting Corporation、以下、ＢＢＣ）が週末のお笑いトーク番組「ＱＩ」で広島（出張先）と長崎（居住地）で二重に被爆し、昨年一月に九三歳で亡くなった山口彊さんを「世界一運が悪い男」として取り上げた。ユネスコマスメディア宣言でも民族差別は禁止事項だし、ＢＢＣにも社会的公益情報の基準がある。日本の放送番組基準でも同様の規定があるから、そのような表現で笑いを取ろうとするのは不特定多数に情報提供するマスメディアでは許容基準以下のものだということだ。

実際の番組を点検しても、発言内容だけではなく準備された資料映像もひどいもので、在英日本人の指摘で日本大使館や被爆者団体が気づいて抗議し、ＢＢＣと当該番組の製作下請け会社が謝罪し、今では局のホームページからも削除されている。これら一連の措置も日本の新聞やテレビによる批判的報道も当然だが、今回の事件は単純な間違い放送ではなく、その背景には私たちが知っておくべきやっかいな問題があるのだ。

第一は、あの高尚なＢＢＣがなんてことを！　といったコメントがいくつかあったこと。

最近来日する英国からのメディア学者たちは一様に、ＢＢＣよりも日本のＮＨＫ番組などのほうがまじめな番組が多いという。日本の場合、ＮＨＫの会長人事は政治に左右され、政治／経済権力との間合いの取り方では英国のほうがしっかりしている。しかし、経費削減とも関連した低俗化の傾向はＢＢＣのほうが急であり、日本でのそのイメージである「リーヴィズム」（マスメディアの大量生産的文化が社会を劣化させるという教養主義、『メディア用語基本事典』世界思想社を参照）の弱体化がはげしい。第二は、番組が被爆者の気持ちを踏みにじったというコメント。筆者もそれに同意するが、なぜ英国では日本の被爆者が笑いの対象素材にされ、それがＢＢＣ内部での事前試写をパスし、英国人視聴者からも抗議がなかったのか。どこの国にも嘲笑的なお笑い番組があるが、英国では、①原爆が欧米による日本の間違った軍国主義叩きに有効であった、②日本が真珠湾攻撃と同時期に英国統治下のホンコンやシンガポール、オーストラリアまで攻撃し、捕虜を虐待したことへの報復感情が根強く、今も日本の敗戦は英国（人）にとっての「対日勝利の日」で、「愛国主義」の誤った一面とはいえ、今回のような日本（人）への揶揄に心を満たす人が少なくない。第三は、メディアが提供すべき笑いの質の問題である。筆者の大学卒業論文のテーマは「スタインベックのユーモア表現」であった。スタインベック（一九〇二〜一九六八）は米国の小説家で、土地を奪われた農民たちのカリフォルニアへの旅を描いた『怒りの葡萄』等でピューリツァー賞やノーベル賞を得たが、その作品には社会問題への注視の他に、くじけそうになる人を立ち上がらせるユーモアがあったからである。

梅原猛氏は西洋哲学者たちの先行研究を踏まえ、「滑稽な笑い」を価値低下という概念で説明した（『笑いの構造』角川書店）。卓見だが、脇の下をくすぐられるといった生理現象を除けば、ワライにはプラスの「笑い」とマイナスの「嗤い」（嘲笑）がある。もちろん、両者ともに対象を上から眺められるという感情面での優越という共通点があるのだが、前者には「なごみ」や明日への活力に繋がる善性がある。だが、後者は今回のBBC作品のような「あざ笑い」と重なり、差別や感情悪化をもたらすネガティブなものだ。

英国には強者への辛辣な批判表現も「諧謔」として是認する風土／メディア文化がある。また当該番組名のQIはquite interesting（メチャ、面白い！）の略で、この種のノリでの番組は日本にもあふれるほどある。たとえば、日本でのアフリカ取材番組では身体に腰布をまとうだけで踊る現地人が出されることが多いし、民放局ではかつて、アフリカ某国の外交官にテレビ番組出演時だけ裸でおどけさせたりしていた。NHKスペシャルでもネパールの僻地を扱った番組で、職業と居住地域の差別を受けた賤民「モン」を「一定の職業が保障され……」などと恥知らずな紹介をしていた（一九九二年放映、「奥ヒマラヤ禁断の王国・ムスタン」）。だから、「弱者いじめ」で笑いを取ったBBCを批判するだけですことはすまない。

（二〇一一年二月二日掲載、原題は「BBCお笑い番組、二重被爆者嘲笑の深層」）

17　報道の使命と国民からの期待

東日本巨大地震が発生した三月一一日（二〇一一年）、筆者は沖縄にいた。九日からの訪沖だったが、当初の目的は七日に報じられた米国務省日本担当部長、前在沖縄総領事ケビン・メア氏による米軍基地についての問題発言、「沖縄人はゆすり、たかりの名人」についての地元の反応を調べるためであった。案の定、全島に怒りがあふれ、琉球新報と沖縄タイムズの二大紙もニュース記事の半分以上をこれにあて、メア氏が更迭された一〇日の昼前には、両紙ともに号外を発行し、「沖縄差別発言で処分 米政府、事態収拾図る」などと速報した。

翌一一日発行の紙面でも、特大活字で「差別発言 メア氏を更迭」などと、「勝利宣言」し、関係者の発言と日本政府の対応の鈍感さを批判する記事を並べている。たしかに、在東京米国大使と電話で話し、「発言が事実であるかどうか調べてほしいと米国側に伝えた」などとメディアに答えている枝野幸男官房長官はまどろっかしく、かえって米国政府の対応の早さのほうが目立った。また、沖縄と本土の主要メディアとの報道姿勢の温度差も顕著であった。

一一日も地元の新聞社と放送局を訪ねた後、当面の議論の対象である普天間基地前で戦闘機の轟音を実感し、そこからの移転が取りざたされている名護市の辺野古崎に向かった。しかし当該地には金網が張ってあり入れず、近くの漁港に降り立つと、柿色のジャケットを着た男性二人が近づいてきて、「海上保安庁の者ですが、本土で巨大地震があり、津波の恐れがあるからすぐ避難してください」と注意された（午後三時半ごろ）。その時まで地震の発生自体をまったく知らなかったのでびっくりし、すぐ高台の高速道路休憩所に移動した。この日夜からのテレビ、一二日朝の新聞は沖縄も本土もほとんど同じで、今度は地震とその結果としての津波被害、原子力発電所事故等の報道でいっぱい。沖縄二紙の前日までのメア氏関連の記事は一面からは消えていた。

今、放送や新聞は手軽なネットの普及でその経営基盤が揺らいでいる。しかし、メア発言にしても、巨大地震にしても、大多数の人びとの生活、より具体的にいえば、人びとの生命と財産に直接関わることが起きたとき、人びとが求め、同時に人びとに必要な信頼できる情報を提供できる主要メディアは今でも新聞や放送だということだ。逆の言い方をすれば、マスメディアはそのことに自信をもって、日頃から、①人びとの生命と財産を守り、②適切な社会行動に必要な基礎資料としての情報を提供すれば人びとの支持は変わらないということである。ところが、ネットの進出によって経営危機をひしひしと感じている大半のマスメディアはビジネスモデル重視の議論に陥っている。たとえば、先月の某紙ではＮＩＥ（教育に新聞を！運動）の一環として、記者数名が小学校で出張授業をし、記事の書き方・作り方について、「ニュースの基本は驚き、発見、感動」だとアドバイスしたと報じている。つまり記事は読者の関心を引くことが第一だと言っているわけだが、情報提供の基本が「関心」中心であれば、面白い情報を素早く提供できるメディアが勝つことになる。つまりテレビや新聞はネットに負ける。

沖縄を例にとれば、メア発言は解決すべき喫緊の課題だが、沖縄が日本の一部であるかぎり、本土メディアとともに日本の安全保障を念頭に置いた解決法を提言しなければならない。今回の地震について沖縄メディアがメア問題を上回る質と量で報じていることには好感が持てる。逆に本土メディアは沖縄問題を政局報道にしてしまっている。しかし地震報道での本土メディアはＮＨＫと民放、そして民放間でも報道の質に差があるとはいえ、国民の生命と財産の保全指向で一致している。交渉を全面委任し、運命を託すことを外交用語でカルトブランシュ（白紙委任）というが、今の日本国民の不幸は、安全保障や未曾有の自然災害についても安心してその処理を任せられる組織、政治家、メディアばかりではないというところにある。（二〇一一年三月一六日掲載、原題は「報道の使命の第一は人びとの生命・財産の保全」）

18　震災・原発事故の関係者責任

三月一一日（二〇一一年）以来、報道の多くが東日本大震災関連で、民放のＣＭも今は公徳心喚起のＡＣジャパンによるものが中心。新聞は具体的なデータと論理で、テレビは映像を中心に、ラジオはきめ細かな情報を中心に、人びとの生命と財産の保全に大奮迅である。ネットにはチェーンメールや未確認情報が飛び交い、「巨大井戸端会議」化しているとはいえ、このような震災情報では利用者のほうにもそれらを割り引いて理解するメディアリテラシーがあるから、原発問題を除き、日本の社会情報環境は安心できる水準にあるといってよい。加えて、被災者を救援する消防士、警察官、自衛官、医師、原発の修復作業員、ボランテイアの方々の無私の行動にはほんとうに頭が下がる。出張命令を受けた若い警察官が恋人に「今行かないと自分は一生悔やむことになる」と述べ、福島へ向かったそうだが、そうした人びとが日本の凄さとして世界中から称賛されている。

しかし、政府と企業、メディアと国民との関係には今後改善していかねばならない問題点がないわけではない。第一は、自然災害の地震と津波について、私たちはかなり正確に理解できているが、原発事故についてはＣＮＮ（米国）やＢＢＣ（英国）、その他の外国メディアでしか、実体がほとんどわからないことだ。日立製作所の元高速増殖炉設計技師、マッキンゼー日本支社長の大前研一氏が三月一九日の公開講演で、東京電力（以下、東電）の情報隠蔽体質を告発している。筆者もまた日本の電力各社がこの点でのＣＳＲ（企業の社会的責任）を果たしてこなかったし、メディアもそれを追認してきた責任は重いと考える。

日本政府も原発事故については無責任きわまる。建屋の水素爆発を「大きな音がして外壁がはがれ、白煙が出た」爆発的事象といい、放射線量は「直ちに健康に影響しない」と官房長官や原子力保安院がオウム返しをし、風評「加害」の原因をつくっている。なのに、飲料水や野菜の汚染が発表され、摂取注意が公報されるから人びとの不安感がさらに増す。日本人は致命的なパニックなど起こさないから、初めから真実を公開すべきなのだ。

第二は、メディア自体もＣＳＲの問題は免れないということだ。電気業界はＣＭ提供や学者への研究費補助などあらゆる方法で原発の「安全神話」を作りあげてきた。東海村ＪＣＯ臨界事故（一九九九年）や中越沖地震による柏崎刈羽原発事故（二〇〇七年）では下請け企業の失敗や「想定外」の自然災害を原因として挙げ、メディアも専門家たちもそれを是認してきたからである。しかも深刻な被曝者はたいてい協力企業の社員だから、この点ではメディアも加害者の側に分類されるだろう。

そうした無理の連続が結果として日本の経済外交の柱の一つとされてきた「原発システ

ム」の対外販売を絶望的にしてしまった。筆者は原子力発電がどうしても必要であれば、政府と事業者は事実とその功罪を正直に公開し、民意を問うべきだと主張してきた。かつて、四国の自然食品店が小さなフリップ広告の片隅に、「原発バイバイ」と書いたときも、現地のテレビ局はそれを片寄ったメッセージだとして放映契約の途中で打ち切った。筆者はこの裁判の過程を調べ、それこそ、メディアと財界が組んだ強者の論理による自由で多様、かつ責任ある言論の抑圧だと断じた（拙著『メディア・トリックの社会学』世界思想社刊を参照）。

報道原則の第三は、同種の過ちを繰り返させないこと。だが、週刊誌はそんなことはお構いなしで、「新聞や放送が報じない……」とか、「次の大地震はいつ、どこで……」などと恐怖だけを煽る記事も多い。現総理が平時の日本のリーダーとして最適人物ではないと筆者も思うが、「菅直人、亡国の七日間」などとの貶め方はいずれ自分に向かっていくであろう。

現在の原発政策を進めてきたのは歴代の自民党政権だ。それを大半の国民が受けいれ、地元には利益還元もされてきたのだから、現内閣への批判は復興作業にかかってからでもよい。半面、東京都知事の、「震災は日本社会の我利私欲化への天罰だ」、大阪府議会議長（当時）の「震災は大坂への天の恵みだ」といった放言はKYであるばかりか、人格さえ疑う。仙台の自宅で地震の恐怖と被害のひどさを体験したある作家が週刊誌で、「テレビは真実を映していない」と怒っているが、そんなことは神戸地震の報道で現地被災者がさんざん批判したことだ。メディア情報のほとんどは外部から取材された間接的なものであり、メディアの評価は被害の実相と被害者の気持ちにどこまで普段から寄り添えているかで決まる。

（二〇一一年三月三〇日掲載、原題は「震災・原発事故報道と企業の社会的責任」）

19　ビンラーディン殺害と陰謀論の交錯

五月二日（米国東部時間一日、二〇一一年）午前、オバマ米大統領がこの一〇年、米中枢同時テロ事件（以下、九・一一）の「首謀者」として追及してきたウサマ・ビンラーディン容疑者をパキスタンの首都イスラマバード郊外の居宅で殺害したと発表した。標的を「ジェロニモ」と名づけて実行されたこの作戦は日本でもテレビはもちろん、新聞各紙が号外を出すなどの大ニュースとなった。

二〇〇一年九月、筆者は米東部ハーバード大学での研究滞在準備をしており、空路の再開後すぐに渡米、レンタカーでニューヨーク（WTC）とワシントン（国防総省）の現場へ行った。ブッシュ大統領（当時）は「報復は十字軍で……」と叫び、メディアも「第二のパールハーバーだ……」などと愛国心を煽ったから、イスラム教徒だけではなく、トラブルを恐れた有色人種たちも自宅と車に星条旗をなびかせた。米国経済の象徴であるツインタワーが破壊されたばかりか、国民の生命と財産守護の要である国防総省がハイジャックされた民間機に突っ込まれ炎上したのだから政府の威信は失墜した。筆者はＷＴＣ崩落現場で犠牲者三〇〇〇人の油が燃え、死臭が漂っている中、軍や消防隊員に混じり多くのボランティアがガレキの撤去をしているのを見た。国防総省では復旧にあたるメキシコ人労働者たちが職員駐車場から現場に近づいた筆者に笑顔で「写真を撮れ！」といったので、米国での構造的弱者たちの事件の受け取り方にも驚いた。

以後、九・一一についてはいろいろ考えてきた（拙著『市民社会と情報変革』参照）が、どうにも許せないのがこの事件を米国政府（軍やＣＩＡ）による自作自演の陰謀だとする主張である。突入機に窓がない（光の加減で見えないだけ）、崩落前に下の階で何かが光った（単なる反射）から計画的爆破だとか、国防総省も内部から爆破された（駐車場には突撃機の跡が実際にあった）とかのトンデモ情報ばかり。だが、それらの陰謀論が書籍やＤＶＤで日本で発売になり、地上波テレビでも放映され（日本テレビ「世界まる見え！」二〇〇七年など）、市民運動リーダーや記者・学者にも欺される者が出た。言論・表現の自由の目的は、真実を明らかにして、社会の進歩に情報面から貢献することだから、それらはいずれも百害あって一利なし。国家がしばしば「敵の敵は味方」の論理で動くのは確かだが、中国との尖閣諸島、韓国との竹島、ロシアとの北方四島問題も結局は双方の国益の対立で、理論的には双方とも不適切な応酬をするばかりだ。実際、米ソの冷戦時代、イラクのフセインやアフガンでのビンラーディンたちは米国の機密援助や軍事訓練を受けていたし、東日本大震災での米軍の援助活動が「トモダチ作戦」と名づけられたことにも日本人へのプロパガンダ的側面がある。

また、ビンラーディンを今度の作戦でジェロニモ（一八二九～一九〇九）に模して、その殺害を「正義の実行」だとしたことも軽率であった。ジェロニモは対白人抵抗戦に加わったアパッチ族の勇者だが、現在では米兵が空挺急襲をする時のかけ声にもなっている。オバマ大統領は就任演説でも米国社会の繁栄は移民とアフリカ系被差別民の結束によるものだとして先住民を軽視した。また今回の作戦がパキスタンの同意なく実行されたのも同国の主権侵害そのものだ。いずれも現在の米国流「正義」の構造が強者による弱者抑圧という面を持っていることを示しているのだが、それらのことはI・ウォーラーステインが「生産、流通、金融そして軍事といったすべての面において、ある中心国が他のすべての国を凌駕した状態では当然」（『アフター・リベラリズム』藤原書店）だとした覇権主義そのものだ。

民間機の乗客やツインタワーにいた数千の市民を自分の指導で殺したビンラーディンの罪は免責しがたいから、方法の是非は別にして彼が対戦国米国の「消去」の対象になってもやむを得ない。半面、強者米国の専横がグローバルな人間社会の歪みの根元だと考える人びとがいるかぎり、暴力の応酬は続く。実際、これまでもビンラーディンの対外声明を流してきたアルジャジーラ衛星放送だけではなく、米国のCNNテレビでさえ、そうした視点に立った人びとの言動を報じている。R・マードック氏率いるフォックステレビがオバマ発表の直後にスタジオに音楽隊を招き入れて「はしゃいだ」がそのあまりの下劣さにはあきれるし、そんな感覚では反米テロはなくなりはしない。

（二〇一一年五月一一日掲載）

20　民主党政調会長、特定メディア忌避の愚

直接的な対面コミュニケーションで運営できる規模を超えた社会の民主制を維持、向上させるには、①判断力のある市民、②市民の委任で職務を代行する政治家と役人、③その両者をつなぐメディアの存在が最低限の要件となる。そんなことは常識なのに、先月二三日（二〇一二年二月）、政権政党の幹部役員が党機関の公式記者会見に特定新聞社の記者を排除する事件が起きた。

排除したのは民主党前原誠司政調会長（元同党代表、外務大臣）で、排除されたのは産経新聞記者である。民主党や自民党の場合、党首は顔で、実質的党運営は幹事長、総務会長、政調会長が仕切る。その要職にある前原氏の今回の行動は国民向けのメッセージ伝達を拒否したことになるからあきれる。

各紙の報道を総合すると、産経記者の忌避は同紙が、前原氏の発言は勇ましいが実現する努力が足りないとし、マンガ『夕焼け番長』（梶原一騎原作）をもじって「言うだけ番長」と書いたことが発端だとか。だが、民主党は子ども手当、増税なし、普天間基地県外移転など、前原氏個人は八ッ場ダム問題などでも、外にいる私たちからは「言うだけ政党」の「言うだけ役員」に見える。だから、その程度の産経新聞表現は「公人」である政治家への評言としては名誉毀損にならない。

国会議員は公約によって選挙戦を戦い、当選すれば国家公務員法にある特別職になるから、同法第九六条の「国民全体の奉仕者として、公共の利益のために勤務」しなければならない。国民はそう期待するからこそ、私たちは税金から彼らの給料だけではなく、政党交付金まで出すことになる。なのに政権与党の幹部政治家が結果として「言うだけ」では公益原理に反する。

もちろん、社会が必要とするのは民主制の向上に資する「自由で責任ある」メディアで、脅しや捏造のブラックジャーナリズムではない。政治家がその手のメディアにからまれた場合、私たちは私たちの代表としての政治家を守らねばならない。論調の好き嫌いは別にして、産経新聞は五大紙の中でもっとも熱心に日本人のアイデンティティの弱体化を憂いた言論を展開している。そうしたメディアまで認めない政治家は自分の置かれた法的、倫理的責務を認識していないことになる。

今回の事件での救いは他社も一体となって前原氏に反省を求めたことで、前原氏も改めたようだが問題は根深い。有力政治家は番記者（自分担当の記者）に「よいしょ」され、自分の思い通りにメディアをコントロールできると錯覚する。一九七二年に沖縄返還を実現し、工作してノーベル平和賞までもらった佐藤栄作首相（当時）は辞任会見で、「いい加減なことを書く新聞記者は出て行け！」と言い、テレビカメラの前で独演した。若くして自民党の幹事長（当時）になった小沢一郎氏もかつて記者会見をすべての記者に開かれた「公共サービス」だといいながら、実際には自分に都合の悪いことが伝えられそうだと、今ではネット会見だけをしようとする。

権力者が身勝手なのは日本ばかりではない。米国型民主政治の創始者で、独立宣言起草者のT・ジェファーソン第三代大統領（在職一八〇一〜〇九）には「すぐれた新聞さえあれば、政府がしっかりしていなくとも社会は大丈夫だ」という意の名言がある。これは彼がまだ大統領になる前、一七八七年の発言だが、大統領になって新聞に攻められると、今度は「新聞記事には嘘が多く、社会のためにならない」と酷評した。

日本のメディア制度は外国の研究者や外国からの特派員たちからは評判がよくないのは事実だ。L・フリーマン（米国）は、日本のメディアはその仕組みそのものが政財界、記者クラブ、日本新聞協会、メディア系列などが合同した「情報カルテル」だという（『記者クラブ』緑風出版）。またK・ウォルフレン（オランダ）は日本のメディアが中央政府と官僚に統制され、みずからもそれに協力していると批判する（『日本／権力構造の謎』早川書房）。

しかし外部からの制約のないメディアなど世界中どこにもない。今次の三・一一震災でもメディアが被災直後、国民の生命と財産の保全に必死に働いた面を否定できないし、普段でも相対的に信頼できる情報がいちばん多いのはマスメディアである。私たちに必要なのはネットを含め、メディアの特性を知り、それらを生かして、権力者に横暴や腐敗、国民軽視があれば、メディアが総体としてそれを告発しやすい環境を作っていくことだ。

（二〇一一年三月七日掲載、原題は「前原氏 特定メディア忌避の愚」）

特別収録：デイヴィッド・ハルバースタム〔追悼〕と〔対談〕

デイヴィッド・ハルバースタム氏は一九三四年生まれ。ハーバード大学卒業。一九六四年、ニューヨークタイムズ特派員としてのベトナム戦争報道によりピューリッツァー賞を受賞。二〇〇七年四月、サンフランシスコでの取材中に交通事故で死去。著書に『ベスト&ブライテスト』『メディアの権力』『ネクスト・センチュリー』など多数。〔対談〕は一九九一年一一月二一日、大阪のホテルニューオータニで行われ、月刊誌『世界』（九二年二月号）に概要が掲載された。今回はその対談のメモを元に構成し直した。ハルバースタム氏死去の報に接し、時事通信の求めに応じて記した追悼文（『京都新聞』二〇〇七年四月三〇日朝刊掲載）とともにここに掲載する。

ハルバースタム氏を悼む

「真実伝える」姿勢揺るがず

渡辺武達

メディアは誰のために存在するのか。わたしはこの問題を考えるとき、数人の書き手を思い浮かべる。その一人が四月二十三日に亡くなった米国人ジャーナリスト、デービッド・ハルバースタム氏である。一九六〇年代に学生生活を過ごした者で彼の名を知らぬ者は少ないだろう。

ハルバースタム氏は、ハーバード大学を卒業後、南部の小都市ナッシュビルの新聞記者として人種問題を取材した。この経験が、後に自ら希望し、ニューヨーク・タイムズの特派員としてベトナムの戦地に赴いた際、地をはうように懸命に生きる住民たちの心を知る上で役立つ。

米・ニューヨークで行われたイベントに出席したデービッド・ハルバースタム氏（4月11日、AFP＝時事）

一冊の本を書くとき、千人はインタビューし、そのうち百人ほどを登場させる。すると、人物たちが自然に動き、しゃべり始めるという。その臨場感あふれる手法が、今、活字文化を復権させる方法として期待されている米国の新潮流「ナラティブ（物語風）・ジャーナリズム」である。

最も有名な著作「ベスト&ブライテスト」は、ベトナム戦争において米国の政治、経済、軍事が一体となって世界の富と情報を動かすさまを描ききった。今日のメディアをめぐる状況は、テレビが巨大資本に取り込まれて「ホープレスだ」（絶望的）と語り、第一次湾岸戦争時、空爆を受けるイラクのバグダッド側から真実を伝えたCNNのピーター・アーネット氏を支持し続けた。

わたしは九一年秋、日本で企画されたシンポジウムへの同氏招待にかかわった。三日間にわたってジャーナリズムの在り方を議論したこと、とりわけ「二十世紀を有意義に生きていない者に、二十一世紀の改革などできるわけがない」という言葉が今でも鮮烈な記憶となっている。

二〇〇四年にも米ハーバード大学のジャーナリズム研究会議で同席したが、ジャーナリストは身の回りのことから地球大のことまで、人々の判断に資する情報を提供すべきだという彼の姿勢には、いささかの揺るぎもなかった。

「ベトナム戦争の真実を書いて失ったものは、ホワイトハウスでのケネディ大統領とのランチだけ。得たものはピュリッツアー賞の栄光をはじめ数限りない」という言葉は有名だが、わたしとの会話の中で彼が、娘の通う中学校の父母会誌に載せる近所の人々のインタビュー原稿を書き、「地域をよくすることが世界をよくすることにつながる」と語ってくれたことも忘れられない。偉大なジャーナリストは市民としての責任も果たしていた。

戦争や政治ばかりではなく、野球やバスケットボールなどスポーツも得意分野だった。本人によれば気晴らしであったと言うが、来日中もホテルのテレビで大相撲を見て、わたしを質問攻めにした。もう少し長生きしていたら、世界に通用する彼の大相撲論を読めたかもしれない。

ベトナムの銃弾の中で生き残った彼が、交通事故で亡くなったことは残念至極である。謹んで哀悼の誠をささげたい。

（同志社大教授）

◇

ハルバースタム氏は23日死去。

＊『京都新聞』（二〇〇七年四月三〇日朝刊）

特別収録：〔対談〕デイヴィッド・ハルバースタムvs渡辺武達

グローバル化社会のジャーナリストと「積極的公正中立主義」

*ライターの条件

渡辺　現在（一九九一年）の世界は米ソが中心となった二大圏の対立による冷戦構造が崩れ、社会主義の敗北が明らかになったという捉え方がメディアをふくめ主流になっています。私にはそうした見方の半分は正しくなく、これからは米国型自由と民主主義がほんとうに世界の安定と人びとの幸せに結びつくのかということが問われるようになるのだと思えます。ハルバースタムさんは『ベスト&ブライテスト』（一九七二年）で、米国だけではなく、自由主義陣営の主要国のどこでも政府の「優秀」で「聡明」なリーダーたちが愚劣な政策を作り、国内外を欺し、社会格差を拡大させ、世界的には発展途上にある小さな国家や潜在的資源国家を収奪していることを米国のベトナム戦争を素材にして描かれました。

今起きていることは、強権と恐怖による秩序維持から平和秩序への移行の過程ではなく、強者が弱者を支配下に入れる新しいタイプの変化のように思えるのですが……。

ハルバースタム　アメリカのニューヨークから太平洋を飛び越えて日本までやってきて、日本の人たちと話をしても共通の話題が多くあります。それは現在の世界が空間的にも時間的にもすでにグローバル化＝地球社会化している証拠です。おっしゃるように今の世界は米国主導の資本主義の世界一般化の過程だと捉えることが可能ですが、逆に言えば、米ソ二大陣営の対立だと思われていた冷戦構造も両者の間には意外と政治と国民統制の仕組みとしては類似性があったのではないでしょうか。

私たちジャーナリストにはそのような本質的部分をえぐり出し、それを先取りしてこれからの途を照らす作品を送り出すのが課題だということでしょう。

渡辺　貴方は人種差別から歴史問題やベトナム戦争、あるいはバスケットや野球までのスポーツもの、はては名著『メディアの権力』（一九七九年）でのメディア論まで、実に多岐にわたる作品を発表されておられますが、本日は貴方とジャーナリストの社会的役割についての意見交換もしたく思います。

学者の世界ではとくに社会科学の分野では客観的な基準がなく、恣意的なものや調査データを組み合わせただけのものも多いから業績はたいてい論文の数で数えられ、実際にはあまり読まれていません。その点でハルバースタムさんの作品は個々人の生き方が世界大の動きと直結し、影響を受けていることを見事に描いているので読者が多い。時代と地域の制約を超えられる作品を書くための条件、いいライターの資質とは何でしょうか。

ハルバースタム　ジャーナリストの第一の資質は取材対象に人並み以上の好奇心を持つことです。その対象に興奮できるようであれば、徹底して調べてみる気持になります。第二は、何人にも左右されない、他の人とは違う独自の見方が自分にはできるのだという、強い独立の意志を持つことです。第二の独立性の保持はアメリカではプラス評価されますが、調和を大事にする日本社会ではなかなか困難だとも思えます。それは「出る釘は打たれる」ということで、日本の社会全体に他人とはあまり違わないほうがよいという社会規範が働いているからです。

独立性について英語では「自分自身の大鼓をたたく」という表現を使いますが、私の知っている日本人ライターでは、大新聞の記者たちが知っていても書かなかった田中角栄元首相の金銭問題やロッキード事件についてレポートした立花隆さんのような人が例外的に存在しているにすぎません。日本の社会は階層的な秩序の中でのコンセンサスを要求する国であり、政界有力者と関係の深い政治記者はいろいろなしがらみに縛られ、その秩序を乱せば、反日本的・反社会的だとされ、会社に居づらくなります。私の場合もそうですが、たいていのアメリカ人は祖父母の時代に移民してきて、自分の力でその生活を切り拓きました。それが権威にたいする不服従を許容する米国の風土の一部になっています。

たとえば、私が後にピューリッツアー賞をもらい、社会的に認められたベトナム報道について いえば、当時人気絶頂のジョン・F・ケネディ大統領と対立し、その結果、アメリカ政府とアメリカ人の大部分を敵にまわすような立場に立つことになりました。私はその時二八歳でしたが、そのことによって私が支払わねばならない代償は何もありませんでした。しいていえば、ケネディ大統領からホワイトハウスでの昼食の席に招かれる機会を失ったくらいで、それは私にとっては名誉なことです。

当時、私のベトナム報道について実に多くの人が私を批判しましたが、後になってケネディ政権のベトナム介入が間違いであったことを皆が認め、「大統領はハルバースタム氏の意見に耳を傾けるべきであった」と言いました。このことは、取材したことに確かな信念を持って書くこと、真実を書き抜く勇気を持つことが、一時的に多くの人を怒らせることがあっても大切であることを教えています。

渡辺　同感です。私は市民主権のグローバルな普遍性を信じて、巨大権力と社会の不条理を修正していく報道姿勢とメディア哲学を「積極的公正中立主義」と名づけています。個人には自らと家族の幸せを他人の同様の権利を侵害しないかぎり追求する権利があり、それを阻害する社会的不条理を少なくすることを基本にした市民目線の取材、情報提供の考え方です。貴方のおっしゃるすぐれたライターを生む条件にはそのようにして書かれた作品を支えるいい読者や弾圧に屈しない言論の自由と責任あるプレス活動への社会的支持が大切だと思われますが。

ハルバースタム　日本のように社会的・集団的なコンセンサスの範囲内でのフリープレスということであればたいした意味はありません。もちろんこのことはアメリカのジャーナリズムでも大きな問題になってきており、私が一九六二年から六七年までコンゴやベトナムやポーランドからの報道をしていた時のような真に自由な取材環境がイラク戦争（一九九〇年〜）を境になくなりつつあります。現在のワシントンには独得の規範が存在し、多くの記者たちが政府の発表通り記事を書く傾向にあり、いわゆる「発表ジャーナリズム」の危機が出てきています。プレスクラブも排他的になってきていますし、独立性を保持するため、私はそれらに所属していません。私の後ではウッドワードやバーンスタインの「ウオーターゲート事件」告発のようなすばらしい作品がありますが、レーガン時代（一九八一〜一九八九）には特にジャーナリズムへの締めつけが厳しかったといえます。しかし、まだまだ政府を毅然として批判出来る記者は友人のピーター・アーネットをはじめ少なくありません。

ほんのわずか一〇〇年前には日本社会は米作が主産業でした。そこでは田植えや刈り入れの期間は短く、共同体全体が協力しなければ生活が不可能でした。その伝統が村の長の権威への批判や社会的逸脱者を許さないという「文化的風土」をつくったのだと思います。その結果、他の多数と異質であり、その社会の組織原理と違う人の存在を日本の社会は許容しなくなり、それが日本のジャーナリズムの制約になっている面があるのではないでしょうか。

＊人間社会を描く

渡辺　ところで、ハルバースタムさんは、『ベスト&ブライテスト』や日米自動車戦争を描いた『覇者の奢り』（一九八六年）のような社会的なものの他に、プロバスケットボールの『勝負の分かれ目』（一九八一年）、ボートの『栄光と狂気』（一九八五年）、プロ野球を描いた『四九年の夏』（一九八九年）などのスポーツものを作品化され、それらすべてがベストセラーになっていますが、どうしてそれほど多様なものが書けるのですか。

ハルバースタム　アメリカでもそのことにびっくりする人もいますが、何をとりあげても人間社会を描くことに変わりはないのです。その動機には二つあり、第一は自己の心の動きに忠実でありたいということです。たとえば、プロバスケットボールについて書いた本であれば、私はバスケットが好きだから書いた。この本はすでに一五刷りで、毎年一〜二万人の新しい読者を得ており、内容はもちろんスポーツの技術書ではなく、バスケット界のもろもろの出来事、たとえば、選手の移動や契約に伴う金銭の動きや、報酬ではスター選手よりもはるかに低い監督やコーチの強大な権力について書いています。それらはまさに一般社会の金の動きと相似形で、そこから政治／経済権力の支配構図そのものを読み取ることができます。テレビでの観戦では分からない、そうした背後事情を含めて描くのが私たちノンフィクションライターの役割なのです。第二は、テーマを変えて書くことによって気分転換がはかれることです。このバスケットの本を準備しているとき私の友人たちもびっくりして、次は大統領や軍の将軍、あるいはヘンリー・キッシンジャー博士について書いてはどうかといいました。しかし、私は『ベスト&ブライテスト』や『メディアの権力』の政治／社会的な題材の取材で疲れており、スポーツが本来好きなこともあって、楽しみながらバスケットのチームにくっついて歩きました。『覇者の奢り』の時には日本にも住み、合計五年以上の取材期間をあてましたが、スポーツでは一年半ほどで一冊書けますし、そこには黒人・白人といった人種問題という深刻なアメリカ社会の断面が存在し、今日的病理が典型的に表れています。その意味でも、スポーツもジャーナリズムにとって大きな社会的テーマとしての取材対象になります。

今年（一九九一年）、私はスポーツ論を編者として出版しましたが、「グッドモーニング・アメリカ」というテレビのモーニングショーで取り上げられた直後にプロバスケットの有名選手であるマジック・ジョンソン選手がエイズの誘因となるＨＩＶに感染しているというニュースが飛び込んできました。このようにスポーツの世界もまた社会全体の鏡で、両者を分ける壁などないのです。

渡辺　私は一九七一年から日本卓球協会の国際交流委員をしていますが、きっかけはその年の米中、日中の国交樹立に結びついたいわゆる「ピンポン外交」でした。卓球が英国から世界に広がっていく歴史を追えば、英国の世界制覇と戦後の世界史が浮彫りになります。その意味で社会のあらゆる事象はすべてに共通する力学的構造を持っています。大事なのはそれを見抜く力がジャーナリストには要求されることだと思います。

ところで、日本では貴方は『ベトナムの泥沼から』（一九六八年）や『ベスト&ブライテスト』に始まり、ニュージャーナリズムの旗手として有名ですが、ニュージャーナリズムとは新聞や雑誌の締め切りに制約されずに自分で決めたテーマをじっくりと追いかけ、書きたいだけの量を雑誌論文や単行本として書き抜くジャーナリズムだと理解していいのでしょうか。

ハルバースタム　それはニュージャーナリズムの一側面です。その用語は私や私の友人のトム・ウルフ、ゲイ・タリーズなどが使い出したのですが、私たちは一つのテーマを深く追求しそれを完全に自分のものにしたうえでよい作品を書き、高い原稿料をもらい、多くの読者を持つことができます。同時にそれはノンフィクションですが、フィクションの面白さの表現法を取り入れ、あたかも読者がその現場にいるような構成と臨場感を会話の引用等によって出しています。

*なぜ書くか

渡辺　ところで日米の記者の違いですが、日本では多くの若者がテレビでも新聞でも大手メディアへの入社を目指しますが、貴方はハーバード大学を卒業してからすぐ南部の小さな新聞社の記者になられていますね。

ハルバースタム　大学を卒業してミシシッピー州のほんとうに小さな新聞社に一年いて、それからテネシー州ナッシュビルのこれまた小さな新聞社「テネシアン」に四年勤めました。これは日本でいう東大を卒業して地方のもっとも小さな新聞社に入るようなものですから、友人たちはみなどうしてそんなことをするのだと尋ねました。しかし、地方の小新聞社の五年間は私にとってふつうのアメリカ人の暮らしや向上心を知るのにまたとない貴重な経験となりましたし、あからさまな人種差別を見て多くの記事を書くことができました。それがニューヨークタイムズに認められ移籍のきっかけになりましたが、NYの仲間たちの多くには田舎での経験がなく、そのことが私の記事を際だたせる基になっています。

渡辺　今、日本では入社早々の記者たちはノルマにしばられ、年配になるとデスクワークのため書く機会が少なくなるという制度的問題に直面し、情報のプロ集団であるべき新聞社に所属しながら読者が読み直したい記事や本を書くことが困難、つまりジャーナリストが①正確で②有用で③信頼できる情報提供者ではなくなってきています。

ハルバースタム　日本は私の好奇心の対象にあふれた国ですし、識字率も世界の最高水準で、ふつうの人たちが多くのことを知りたがり、日本人全体に情報にたいする飢餓ともいうべき状況が存在しています。そういう高い教育を受けた人たちにジャーナリストがはたして真摯に応えているのかということが問われます。マスメディアの記事と解説には事実を徹底的に調べたうえで分析提示する方法と、少ししか調べずに意見やときには筆者の思想を入れて論評するやり方がありますが、後者のような記事や文章では最終的には読者からの信頼は得られなくなるでしょう。

ジャーナリズムは社会教育の手段であり、民衆にちゃんとした情報を届けることが大事です。日本では反復練習と暗記教育、それに社会的な経験則が優先されますが、事実の分析を主とするアメリカ的教育と発想では世の中のあらゆる事象に合理的で正しいという唯一の答えなどでてくるはずがない。ジャーナリストは数学者と違い、一つの客観的解答など出さなくていいし、むしろ出してはいけない。初等数学と政治科学とはまったく違うのです。いずれにせよ、人々の日常的経験は限られているのですから、ジャーナリズムは市民が判断をくだすための基礎的な事実をまず提供すべきなのです。

そうしたうえで市民自身が自分の経験とその文化的伝統にしたがって最終判断をくだす助けをすればよい、つまり人々の「情報飢餓」を満たすのがジャーナリストの仕事なのです。アメリカと日本は世界でも最大の情報飢餓の民衆が存在している国であり、国民性としても好奇心旺盛な民族が住んでいる場所だと思います。

渡辺　たしかに日本の識字率は高く、出版産業も盛んですが新聞同様に深刻な問題もあります。たとえば戦後日本の大ベストセラーをあげてみると、山口百恵さんの『蒼い時』や黒柳徹子さん一の『窓際のトットちゃん』などいずれもテレビタレントや歌手によって書かれたものですし、近ごろ評判の『サンタフェ』も宮沢りえというタレントの写真集なのです。それらの中身がくだらないという意味ではありませんが、もし彼女たちがテレビで人気を得ていなければそれほど売れなかったであろうことは確実です。

ハルバースタム　アメリカにもそういう傾向があり、私はテレビが作り出す社会的影響にはときには絶望的になることがあります。アメリカの人口はおよそ二億四〇〇〇万人（二〇一二年現在では約三億人）で、日本の二倍以上ですが、そこでハードカバーの本が一五万部売れれば大ベストセラーですし、ペーパーバック版であれば一〇〇万部が目安になります。アメリカでもノンフィクション部門のベストセラーリストでさえ上位はほとんどテレビでよく知られた人の作品かテレビでよく知られた人について書かれたものです。

渡辺　私は大学に勤めているのでメディア教育とその研究がメインの仕事です。日本も経済発展で暮らしがよくなってきたためか、ジャーナリズムとか「言論・表現の自由」をテーマにする講義への学生の関心が小さくなりつつあります。そうした環境では、自分にとって書くことの意味は日々の自己確認と社会的不条理を指摘することであることが多くなります。

ハルバースタム　私にとって書くことは、本能的な欲求から、楽しみ、そして生活の手段であるということまでのすべてが含まれます。私はテレビのキャスターやアンカーマンのような仕事を好まないので自分で興味のあることを自分で調べるのです。それが私の天職であり、今私がやっている仕事です。また書くことによって私は自分がどういう人間であるのか日々確認しています。ニューヨークは東京と同じく物価が高く、暮らしの維持ために書くということもありますが、もし一日でも何も書かなければ私は不安になり落ち着かないのです。

書いたものへの評価については、私は書くことによって大きな人気が得られなくとも、ほんの少しの良心的な人の間で評判になり尊敬されればいいのです。私はドイツ出身のユダヤ人ですが、ユダヤの家族観、社会観は実に日本人のそれに似ています。ご承知のようにユダヤ人は歴史的経過からいっても大変な経験をしてきています。このユダヤ人の子孫としての「私」は、人種問題や社会的弱者について書くときの素材設定と接近方法において大きなプラスを得ています。個人的には私は自分の成功が家族の誉れになることを知っているので、逆にいつも自分が家族の不名誉にだけは決してなるまいと心しています。

渡辺　私は、ジャーナリズムは人間社会の健全な発達のために、①情報収集と伝達②社会改革活動を主とし、ときには安らぎのための③娯楽提供をし、災害時には④市民の生命と財産を守るといった大きく分けて4つの機能を持たねばならないと考えていますが、貴方にとって、ジャーナリスト／記者といわれる人たちの書く行為の社会的責任、ジャーナリズムの倫理とはどのようなものでしょうか。

ハルバースタム　ジャーナリズムはまずコミュニティへの帰属意識を持たねばなりません。この場合のコミュニティとは地球社会のことであり、所属する国であり、居住する地域であり、一緒に暮らす家族であります。そうしたコミュニティをよりよくするためにジャーナリストは書くのです。このようなジャーナリズム観であれば、地球社会の向上を視野に入れたうえでアメリカを、そして自分の住む地域をよりよくするために書く、そのためにそのコミュニティの持つ社会病理をまず指摘することが世界とつながることになるわけです。

私の妻は年に五回発行される時事問題をあつかう雑誌の編集者ですし、娘は小学校の六年生です。私は家族がよりよい生活が出来るように毎月学校の先生にインタビューし、それを地域の新聞に無償で連載しています。私と私の家族は学校や地域社会から恩恵を受けているので、ジャーナリストとしての私は私なりにそのお返しをしているわけです。

さらにいえば、私たちは居住する地域や自治体、国、そして地球社会から快適な居住空間、交通手段、教育施設や制度などによって恩恵を受けています。あるいは日々呼吸する空気、飲料水、その他あらゆる私たちの快適な生存を保障してくれるものの総コストは数百万ドル以上にのぼりますが、たとえそれらの一部にお返しするだけであっても、すこしでも社会をよりよくすることを願って私たちジャーナリストは書くのです。それが、両親が私に教えてくれたユダヤ・キリスト教の哲学であり、現代社会にあっては少なくなりつつある考え方かもしれませんが、いまなお私が大切にしたい生きる哲学です。

＊時代を超えるレポートを

渡辺　ところでハルバースタムさんの著書はいずれも膨大な数の人にインタビューし、それらを卓越した手法で組み合わせながら作品化されています。他人の言葉でもって自らを語るという手法は読者に客観的な印象をもたせるという効果を与えていますが、ジャーナリズムにとって客観性とは何でしょうか。

ハルバースタム　私のジャーナリズムは過去を背負う私の全存在に特徴づけられています。客観的に見えるジャーナリズムとはきわめて高度な専門的技術のみが産みだせるものであり、正面から客観性とは何かと問われると私にもよく分かりません。

私はアメリカの白人で、ユダヤ人移民の三世で、五〇代半ばの中年男性です。大半の若いアメリカ人と違って大不況や第二次大戦の惨禍を知っている世代です。こうした私の個人的体験の蓄積とその生きる社会の文化が私の視点を決めていると思います。私の客観性はこのような個人的特性にしばられています。もしあるジャーナリストが文化大革命時の中国人であれば、その人の客観性は毛沢東の論理からきているかも知れませんし、あなたの場合には日本で育ったその個人的経歴からの客観性でしかないと思います。

つまり、私たちジャーナリストの仕事は初等数学とは違ってすべて主観的なものです。大事なのはそれを認めたうえで、専門職業的に高度、正直、かつ誠実であらねばならないということです。何事にも先入観や偏見にとらわれることなく取材しレポートする、そしてその結果の作品が国境を超えてどれだけの普遍性を持っているのかが問われるわけです。

私の最近著の『ネクスト・センチュリー』がさいわい日本でよく売れているそうですが、それは私がアメリカ人でありながらアメリカの偏見だけにそれほど左右されない作品を書けるようになったということで、喜んでいます。

渡辺　私も現代社会の変化とそのおよぼす影響を世界的視野で分析提示し、世界の矛盾を諄々と説くその本が日本でベストセラー入りすることはとてもうれしいですが、貴方の先輩になるジョン・ガンサーのいわゆる権力者たちの内幕物の手法とその作品についてはどう思われますか。

ハルバースタム　素晴らしいレポーターとして私は彼を尊敬しています。彼の作品には真実があふれており、三〇年たった今読んでも古さを感じさせません。着実な取材で、広汎な対象に執拗に迫っており、彼の書いたものを読めば、そのテーマについて読者が知りたいと思っていたことの背景のすべてが書かれています。それ以上に知りたい読者はそれをガイドにしてより深く調べていけばよい。彼には取材対象の国の文化の根底を本当に理解する力があり、私がまだ小さかった頃から彼はすでに有名で偉大なライターでした。ガンサーからは後年個人的に教えを受けたこともありますが、私は早くから彼に憧れ、彼の影響を大きく受けています。ライターとしての系譜としてもガンサー自身が自分に続くものとしてテディ・ホワイトと私の名前をあげていますが、私にとって名誉なことです。

渡辺　ハルバースタムさんも、特派員としてポーランドに行かれ、ソヴィエト型社会主義は現地にはプラスになっていないことをガンサーとは違う手法でレポートされ、当局から追放されましたが、結局その時書かれたものの正しさを社会主義陣営の瓦解によって誰もが知るところとなりました。貴方のレポートに「歴史が後からついてきた」わけですが、時代を超えられるレポートはどのようにして可能なのでしょうか。

ハルバースタム　社会と文化に本質的なものをまずつかみ、それに従って再度民衆生活を見ていくことです。なぜこの民族はこのような存在の仕方をしているのか、問題はいったいどこにあるのか？　ポーランドは小さな国ですが、ソヴィエトの支配下に入る前のほうが生活は豊かで、政治的自由もはるかに大きかったのですから、チェコやハンガリーも含めてソヴィエト体制が受けいれられるはずがなく、ソ連の支配には私は最初から悲観的だったのです。解放された今もこれらの地域には今後何年もの苦難が待ち受けているのでしょう。文化論としていえば、ソ連・東欧圏で大きな力を持っていたのは教会で、それを無視した政治が民族の本質に迫れるわけがなかったのです。

ただし、私はソルジェニーツィンとも話しましたが、彼のように昔に帰れというだけでは困ります。宗教は強すぎると近代化に逆行しますし、優秀な人を抑圧します。ソ連では強大な官僚制と軍需産業に優秀な人が吸収され、アメリカでも軍需産業に吸収され民生分野にあまり行かなかったことが今日の停滞につながりました。一方で、宗教もまた強すぎると問題を起こします。一四世紀に帰ろうとするイランの場合を典型としてイスラム世界がそうですが、ものごとを誰にも納得のいくように説明出来る人は宗教に行けないどころか、宗教によって圧迫されます。科学する心とは未知の問題を次から次へと合理的に説明していこうとする態度のことで、私たちの社会の近代化に貢献します。理にかなった思考をする人が科学者だとすれば、宗教者とは深刻な対立をします。リーダーが科学者を逮捕するような国家であれば近代化は期待すべくもありません。

　アメリカでも一九二五年にテネシーの寒村でスコープ訴訟というものがありました。学校で人間はサルから進化したというダーウィンの進化論を教えることは聖書の教えに反していると宗教家が告発し、大論争の末、科学が勝利しましたが、このようにアメリカにおいてさえ科学を嫌悪する人がいるのです。もしこういう反科学的宗教者が社会に強大な力をもてば、近代が否定され科学の衰退につながります。近代化には騒音、交通渋滞、車のクラクション、スモッグをはじめ、たえず問題がつきまといますし、米国やロシアは核ミサイルまで保持しており、その気になれば日本にまで打ち込むことが出来ます。このように近代社会にはプラスとマイナスがありますが、相対的に多くの人たちの努力によって、私たちの生活は祖父母の時代にくらべてよくなり、変化に富んだ豊かさがあります。

　私は特派員としてコンゴへ行く二七歳までアメリカを離れたことはありませんでしたが、娘が日本へ来たのは三歳の時でしたし、すでにイギリスへは三回行っています。チェコスロバキアにもイタリアにも行っています。彼女の年までに私は一〇回も演劇を見ていなかったでしょうが、彼女はすでにニューヨークで四〇回以上見ており、彼女の生活は刺激に満ちています。それが私のいう豊かさということで、彼女が私より有名になるだろうとか、お金持ちになるだろうと言っているわけではありません。しかし、ニューヨークの現代生活は私の子供時代よりはるかに社会的安全度が低く、子供同士が遊ぶにも親が前もって出会う手はずをととのえ送り迎えしなければならないほどです。しかし、そうしたマイナス事象はジャーナリストを含め皆が力を合わせて克服していけばいいわけです。

＊ジャーナリズムと国益

渡辺　次にグローバル化時代のジャーナリストについてですが、貴方も『戦争ゲーム』の中で、湾岸戦争のときにバグダッドに留まり、イラクからの映像を送り続けたＣＮＮのピーター・アーネット記者について、地球村（マクルーハンの造語）から生まれた最初の戦争特派員なのだと言っておられますが、ジャーナリズムと国益の問題についてどう考えておられますか。

ハルバースタム　ピーターと私はベトナム以来三〇年もの友人で同年齢です。彼は戦場においても勇敢ですし、専門的知識も豊富で、実に洞察力・分析力にすぐれた記者です。彼が湾岸戦争において、ベトナムでもそうしたように、最後までバグダッドに留まって報道したことは、もはやアメリカがどうのこうのという次元ではなく、地球社会で何が起こっているかを地球社会の住民に知らせたということでした。

湾岸戦争はアメリカ政府による情報操作が成功した戦争でしたが、その意味では厳しい統制をしたうえで会見を設定し、限られた映像と情報のみ提供した多国籍軍の記者会見にしか出なかったジャーナリストは責められるべきでしょう。私は毎朝家で彼のＣＮＮ報道を見ながら誇りをもって娘に、あれは私の親友であると言ったものでした。完全統制された情報に浸りながらアメリカ中がイラクをやっつけて沸いているときに、そのアメリカの攻撃がホテルや学校、そして病院等にまで及んでいることを映像でしめされれば、まともな判断力のあるアメリカ人は怒ります。また、大事なのは彼は決してサダム・フセインを助けようとしてそうしたのではなく、そこで起こっている事実を取材して報道しただけだということです。実際に何が起こっているかを、攻撃されている側から報道しようとしたＣＮＮとアーネット記者はあるべきジャーナリズムとジャーナリストの一つの姿でしょう。

　しかし彼にたいする政府とアメリカ人の多くの怒りはすごいもので、それは日本が韓国と戦争をし、そこを空爆したと仮定し、ＮＨＫの記者がソウルからその攻撃についての映像を日本に送り、日本の攻撃は軍事目標に限られず、学校や病院、民間のホテルにも行われたということを伝えたようなものなのです。もしＮＨＫ記者がそうしたら戦争時の日本の世論はその記者と報道機関を袋叩きにするでしょう。それでもアーネット記者はアメリカ軍の攻撃によって民間人多数を含むイラク人十数万人の生命が失われた事実を生々しい映像で報道し続けたのですから私は敬服します。ジャーナリズムとジャーナリストは操作された情報を与えられている大衆に迎合し、その人気を得ようとしてはいけないのです。

渡辺　情報操作という点では、あの油にまみれた海鳥やその油の流れてきたもとの製油所破壊が多国籍軍の自作自演であったことを、日本のテレビ（テレビ朝日系列、ザ・スクープ等）でも報じましたが、それは戦闘行為が終わってからでした。私の考えでは、報道機関とジャーナリストがともに国益よりも国民益・市民益から人類益への発想転換をしていく以外にその克服はむずかしいと思います。問題は生活者としての国籍は持っていても、ジャーナリストは「ジャーナリズム国」という普遍的な社会改革集団の住民だという覚悟を持つことだと思います（この点については、渡辺武達『テレビ「やらせ」と「情報操作」』三省堂刊を参照）。

ハルバースタム　それにまったく同感ですが、同時にそれはナショナリズムの強い日本ではむずかしいことだとも思います。アメリカの場合、豊かで気候もよく石油やその他の資源にも恵まれていますし、建国以来の自由の伝統があり、それらが民衆生活を保障しています。フランスやドイツも偉大な国で農業の環境にも恵まれています。しかし日本では石油が出ませんし、鉄・錫や鉛などの鉱物資源もほとんどありません。そこにあるのは偉大な国を建国しようという人びとの野心だけで、その野心の実現のためにすべてのことが犠牲にされます。そういう社会では政府の統制が強まっても人びとがその危険性に気づくこともなく受け入れられやすい。その結果日本は巨大な経済大国となりましたが、この日本というコインには片面に野心があり、片面に強いナショナリズムがあります。しかも日本のナショナリズムは抽象的に昇華された言葉によるナショナリズムではなく、偉大な国を建設しようという社会の基層部分に共通する、暗黙に了解されたナショナリズムなのです。

たとえば、アメリカ人が日本で、あなたはどういう人間ですかときかれたら、自分は鉄鋼労働者であるとか銀行員であるとか答えるでしょうが、アメリカへ来た日本人はまず、私は日本人であると答え、つづいて名刺を出して会社の名前をいうでしょう。

＊テレビ・メディアを考える

渡辺　現代のテレビについてですが、日本では視聴率の重視ということで、人びとが本当に知るべきことよりも娯楽指向番組が多く、ＮＨＫでさえそれに影響されています。世代間のギャップをなくそうとして「文化年齢」という造語までつくり私が提言して放映されはじめた番組も視聴率をあげるためにコメディアンが司会するバラエティ番組化していますし（フジ系列『クイズ 年の差なんて』）、その他私の関係している番組も軒並娯楽指向になってきています。その結果、テレビと新聞ではその取り扱う素材の共通性がなくなってきています。人びとの新聞や総合雑誌への接触が減り、テレビ視聴時間だけが増えている現状では大変心配です。

ハルバースタム　アメリカでもテレビ番組の俗受け化傾向には目にあまるものがあります。テレビのニュースは映像化し易いものが優先するので、本当に重要なものがニュースとしてとりあげられないということが起きます。しかもニュース番組そのものがショービジネス化してきています。

またウオールストリートにおける放送局の株価の動向が放送局の主な関心で、視聴率によって番組の傾向が決められています。そこでは派手な映像、たとえば爆撃とか暴力、そうでなければスキャンダルや家庭内事情ののぞき見といったセクシーな（俗受けする）場面ばかりが強調されています。しかし、世界で本当に重要なことは必ずしも俗受けしませんし、それらは俗受けするほど単純な映像に出来ないのです。

その結果、現在のテレビは民衆が知るべきものより「知りたがるもの」ばかりを放映する傾向が出てきています。たとえば、アメリカにとって重要な日米経済関係は映像になりにくいので、日本製品の打ち壊しのデモなどだけが放映されることになり、本質がどこかへ行ってしまうわけです。真剣に考えねばならない題材がとりあげられないという、こうした深刻なテレビ事情をどう改善していったらよいのかについては私にも分かりませんが、現状はますます悪化しており悲観的にならざるを得ません。

日本の場合は狭い国土に朝日・読売・毎日のような全国紙が合わせて二五〇〇万部、加えて世界や国内他地域のニュースについては通信社からの素材を使っている地方紙もそれ以上発行され、全国的な共通知識が報道されやすいですが、アメリカの場合はＮＹタイムズでもわずか一〇〇万部ほどで、テレビのみが全国的な影響力を持ったマスメディアですからそれはより深刻なのです。確かにＵＳＡツデイのような全国紙も発刊されてはいますが興味本位の記事ばかりです。それはタブロイド版のマクドナルドハンバーガーみたいなもので、ジャーナリズムとしての意味はありません。

渡辺　そのニューヨークタイムズでも先ごろケネディ家の関係者のレイプ事件に関してその被害者の名前を公表するという愚をおかしています。しかも、他のメディアがすでにそれを公表したから……などというばかげた理由をつけて被害者を明らかにしたばかりか、その被害者を中傷さえしています。日本の新聞やテレビでも報道被害が起こっていますが、そのような国民の知る権利と報道の自由を取り違えたアメリカの新聞に希望はありますか。

ハルバースタム　あれは実にひどい報道でした。しかしそれはニューヨークタイムズの過ちであり、本質的な活字メディアの変質ではありません。すでにタイムズはその間違いに気づき再発を防ぐため、外部から記事検証をする「パブリックエディター制度」設置などの対策をたてています。報道の自由とか知る権利とかは、アメリカの憲法修正第一条で初めて条文化された概念で、それは健全で民主的な政府の維持には必須なものとして当時の英国からの独立運動関係者が自戒を込めて自ら定めたものです。

いかなる政府も過ちをおかしますが、同時にいかなる政府も情報を自分の都合のよいようにコントロールし真実を告げない傾向を持っています。とくに戦争の時などは平時には民主的に運営されているように見える政府でもヒトラーのような独裁者の情報統制を羨み、それに近いことをしようとします。ですから、そういう性質をもった政府が戦争終了時にそれまでとは違った情報を流し始めるなどということは考えられません。ジャーナリズムとジャーナリストはたえず政府を監視し、情報統制に抵抗し真実の報道のために闘っていかねばならないのです。

アメリカはこれまで多くのものを生産し多くのものを輸出してきましたが、昨今のソ連・東欧などの激変を見ていますとアメリカの最後にして最大の輸出品は言論の自由と報道の自由であったという気がします。

渡辺　本日は学生時代にその名前を知った偉大なジャーナリストであるハルバースタムさんとこれからのメディアとメディアにかかわろうとする人たちへの貴重なメッセージとなる対話ができてうれしかったです。ありがとうございました。

（『世界』一九九二年二月号初出）

あとがき

本書は産経新聞社が発行するフルカラーのタブロイド版日刊紙『サンケイＥＸ』に二〇〇七年九月から隔週に寄稿した「メディアと社会」欄から六〇本を選んで編んだものである。明白な誤記の訂正を除き、文章は掲載したものを基本にしている。

同紙連載にあたっての拙稿の編集・校正等では歴代のＥＸ編集担当者の平田篤州様、鶴谷和章様、村山雅弥様、内藤泰朗様にひとかたならぬお世話になった。単行本収録にあたっての同社のご承諾についても心から感謝申し上げる。また特別収録したデーヴィド・ハルバースタム氏の関連文書について、同氏の死去に際し、筆者による追悼文を配信した時事通信社および掲載社の京都新聞社からの快い転載許可、ならびに岩波書店によるオリジナル対談の修正とその転載の許可についても同社のご好意に感謝する。

書名については現在のメディアのもつ深刻な諸問題から批判的表現も考えたが、社会の透明性と民主制の向上にはやはりメディアの質的向上に期待するという立場から、「メディアへの希望」とした。勇ましく叩くだけでは対象そのものをつぶしかねないことと、逆にこちらの意図が相手に届きにくくなることからそうした。副題の「積極的公正中立主義」は筆者がこの三〇年来主張してきたメディアとジャーナリズムの哲学で、「メディアが市民主権主義の立場から、取材・調査・編集、そして情報および情報ツールの提供をおこなうやり方」のことである。メディア関係者とジャーナリストを目指す若者へのエールを込めた。詳しくは拙稿「メディアの倫理と社会的責任」渡辺武達、松井茂記編『メディアの法理と社会的責任』ミネルヴァ書房、などを参照されたい。

収録原稿の編集、校正作業では同志社大学大学院社会学研究科メディア学専攻博士課程後期（院生）の俣野裕美さんに助けられた。出版については論創社の森下紀夫社長にいつもながら、一方ならぬお世話になった。ここに記して深甚なる感謝をしたい。

二〇一二年四月三日　同志社大学渓水館研究室にて

渡辺 武達

渡辺 武達（わたなべ・たけさと）
1944年、愛知県生まれ。現在、同志社大学社会学部教授、同大メディア・コミュニケーション研究センター代表（2003-7）、ハーバード大学客員研究員（2001年）、関西テレビ番組審議会委員（1996-2010）。著訳書：『ジャパリッシュのすすめ（朝日新聞社、1983年)、『テレビー「やらせ」と「情報操作」』（三省堂、1995年）、『メディア・トリックの社会学』（世界思想社、1995年）、『メディアと情報は誰のものか』（潮出版社、2000年）、“A Public Betrayed”（『裏切られた大衆』（2004年、米国Regnery出版社刊、A. Gambleと共著）、『メディアと権力』（論創社、2007年）、『自由で責任あるメディア』（論創社、2008年）、『メディア・アカウンタビリティと公表行為の自由』（論創社、2009年）、共同企画に『叢書　現代のメディアとジャーナリズム』全8巻（ミネルヴァ書房、2003～09年）など。1980年代からテレビ制作に関わり、ファミリークイズやドキュメンタリー番組を作る。現在はCCTV（中国中央テレビ）などにも出演。専門はメディア政治学、メディアリテラシー。

メディアへの希望
――積極的公正中立主義からの提言

2012年5月20日　初版第1刷印刷
2012年5月25日　初版第1刷発行

著　者　渡辺武達
発行者　森下紀夫
発行所　論 創 社
東京都千代田区神田神保町2-23　北井ビル
tel. 03（3264）5254　fax. 03（3264）5232　web. http://www.ronso.co.jp/
振替口座　00160-1-155266
装幀／宗利淳一＋田中奈緒子
印刷・製本／中央精版印刷　組版／フレックスアート
ISBN978-4-8460-1141-3